W0290653

Theo Lehmann * Jörg Swoboda

Lass dich überraschen

Ein Lese-Adventskalender

Inhalt

1. Dezember

Als dann aber die Zeit
herangekommen war,
sandte Gott seinen Sohn.

Galater 4,4

Warum Weihnachten?

von Jörg Swoboda

Adventskränze, Lichterketten, Weihnachtslieder, Grünkohl und Gänsebraten, Grübeln über Geschenke. – Hurra! Weihnacht wird es wieder.

Aber warum wird überhaupt gefeiert? Damit der Handel Umsatz macht und die Wirtschaft floriert? Das Fest ein Vorwand also, um den Leuten das Geld aus der Tasche zu ziehen? Es wirkt fast so.

Für Kinder ist die Sache eindeutig: Weihnachten gibt es, damit der Weihnachtsmann kommt. Denn ohne Weihnachtsmann keine Bescherung. So ist es jedenfalls bei uns. Doch in Russland bringt Väterchen Frost die Geschenke, in Nordamerika Santa Clause oder Rudolph, das kleine Rentier. In Frankreich gibt es als Kombipack sogar den Nikolaus-Weihnachtsmann.

Nein, aus dem Kita-Alter sind wir raus. Diese Fantasiefiguren können also kein Grund für Weihnachten sein. Aber vielleicht ein geschichtliches

Ereignis? Gehen wir an einer gedachten Zeitlinie zurück.

Am 24.12.1930 führt der deutsche Physiker Manfred von Ardenne die erste komplette Übertragung eines Fernsehbildes vor. Prima, aber Weihnachten ist älter.

Am 24.12.1906 wird in Brant Rock/Massachusetts von dem kanadischen Erfinder Reginald Fessenden die erste Rundfunksendung ausgestrahlt. Bedeutend, ja – Zusammenhang mit Weihnachten: keiner.

Am 24.12.1825 wird Nikolaus I. Zar von Russland. Für ihn gewiss ein bedeutender Tag und die Russen feiern auch ordentlich. Hat aber außer dem Datum auch nichts mit Weihnachten zu tun.

Eher schon hat der 24.12.1818 mit Weihnachten zu tun. Denn Joseph Mohr, Hilfspfarrer der Kirche St. Nikola in Oberndorf bei Salzburg, überreicht dem Dorflehrer und Organisten Franz Xaver Gruber sein Gedicht „Stille Nacht, heilige Nacht" und bittet ihn, eine Melodie dafür zu schreiben. Noch in der Nacht desselben Tages erklingt das fertige Lied in der Christmette zum ersten Mal.

Aber die Entstehungszeit von Weihnachten muss selbstredend noch weiter zurückliegen.

Am 24.12.1777 entdeckt der britische Seefahrer James Cook im Südpazifik ein Atoll und nennt es Weihnachtsinsel. Aber selbst tausend Atolle mit ähnlichen Namen wären kein Grund für unser Fest. Und die Krönung Karls des Großen zum römischen Kaiser am 25.12.800 in Aachen? Wieder kein Volltreffer.

Warum also Weihnachten, das Fest der Freude? Der wahre und einzige Grund ist das Baby, das vor 2000 Jahren in dem Kaff Bethlehem im jüdischen Bergland geboren wurde. Die Weihnachtsengel begründeten die Weihnachtsfreude damit, dass Jesus ein Retter und Heilmacher ist. Ein Heilmacher macht heil, was kaputt ist. Jeder Papa ist ein Heilmacher. Er macht Spielzeug heil. Jede Mama ist eine Heilmacherin, wenn sie heil macht, was zerrissen ist. Jesus kann mehr als Vater und Mutter, weil er uns wieder heil macht, wenn wir kaputt sind. Welch einzigartiger Spezialist er ist, wird uns dadurch klar, dass er unsere Beziehung zu Gott wieder heil macht, die durch unsere Schuld zerrissen ist. Seine Vergebung ist die Medizin. Darum feiern wir dieses Fest – also nicht, weil es eben so fällt, sondern weil er der Grund zum Feiern ist.

2. Dezember

Denn bei dir ist der Quell des Lebens;
in deinem Licht sehen wir das Licht.

Psalm 36,10

Das Licht ist da

VON THEO LEHMANN

Auf der Bühne der Weltgeschichte ist Jesus weiter nichts als eine Randfigur.

Am Rande des damaligen Weltreiches wurde er in einem unbedeutenden Winkel geboren.

Am Rande der menschlichen Gesellschaft, in der Gesellschaft von Tieren stand die Krippe.

Am Rande von Jerusalem, auf der Müllkippe der heiligen Stadt, stand das Kreuz.

Von seinem Leben und Sterben zwischen Krippe und Kreuz nahm die Weltpresse nicht einmal mit einer Randbemerkung Notiz. Wer sich auf der Bühne der Weltgeschichte breit- und in der Presse Schlagzeilen macht, sind die Breit- und Großmäuler, die mit ihren Worten und Taten die Menschen narkotisieren oder terrorisieren. Die alle haben aber nichts daran geändert, dass der Zustand der Welt immer noch so ist, wie die Bibel ihn beschreibt: „Finsternis bedeckt das Erdreich und Dunkel die Völker. Aber über dir geht auf der Herr, und seine Herrlichkeit erscheint über dir." So hat es der Prophet Jesaja 700 Jahre vor der Geburt von Jesus gesagt. Und als Jesus kam, hat er behauptet: „Der Herr, das Licht, von dem der Prophet Jesaja spricht, bin ich. Ich bin das Licht der Welt."

Er sagt das nicht im verqueren Theologenslang: „Ich würde das Licht sein wollen." Auch nicht: „Ich will das Licht werden." Gleich gar nicht: „Ich möchte der Welt ein Stückchen Licht bringen." Sondern er sagt: „Ich bin das Licht der Welt." Punkt. Amen. Halleluja. Kein Wunschtraum. Keine Forderung, sondern eine Feststellung, eine Tatsache. Was für eine herrliche Botschaft für unsere gebeutelte Welt, für die viele nur noch schwarzsehen können.

Ja, es war noch nie so wahr wie heute, was Jesaja sagt: „Finsternis bedeckt das Erdreich und Dunkel die Völker." Davon können wir alle ein Lied singen, auch wir Christen. Aber wir haben noch eine Strophe mehr drauf, und die heißt: „Aber über dir geht auf der Herr!" Dem allgemeinen Weltuntergangsgemuffel können wir diesen hellen Ton einer strahlenden Hoffnung und Glaubensgewissheit als Kontrapunkt entgegensetzen: Das Licht ist da! Jesus ist da! Jeder kann das Licht des Lebens haben! Im Chor der Ökumene gibt es Stimmen, die behaupten, dass dieses

Licht auch in anderen Religionen flackert, also dass man auch im Islam, Buddhismus oder sonst wo Erlösung haben kann. Folgerung: Dann darf nicht mehr vom Absolutheitsanspruch von Jesus geredet werden. Aber das ist absolut verkehrt! Wenn Jesus von sich sagt: „Ich bin das Licht der Welt", dann sind damit alle anderen großen und kleinen Lichter als Menschheitserlöser ausgeschaltet und als Irrlichter eingestuft. Selbst ein Buddha, der sich als „Erleuchteter" bezeichnete, ist neben Jesus nur eine Funzel, unfähig, irgendjemanden aus der Finsternis ins Licht zu führen.

In der Bibel ist Finsternis ein Bild für Sünde und Gottesferne. Sünde, Ungehorsam gegen Gott, das ist die größte, die eigentliche Finsternis. Als Jesus mit ausgebreiteten Armen am Kreuz hing und sich Finsternis über das Land ausbreitete, wischte er die Finsternis, die über dem Leben der Menschen liegt, weg. Mit seinem Blut. „Aber über dir geht auf der Herr." Seitdem kann jeder, der seine Sünde bekennt und bereut, ein neues Leben haben. Seitdem kann jeder, der will, Frieden mit Gott haben. Selbst deine finstersten Gemeinheiten können vom Licht der Vergebung überstrahlt werden. Nichts macht ein Menschenleben so hell wie die Vergebung. „Denn wo Vergebung der Sünden ist, da ist Leben und Seligkeit" (Martin Luther).

3. Dezember
Er hat alles
wohlgemacht.
Markus 7,37

Verrückter Advent?

VON JÖRG SWOBODA

Alle vier Wochen lädt meine Frau Senioren zu einem geselligen Nachmittag in die Caritas-Sozialstation ein. Vor gut einem Jahr war ich mit meiner Gitarre als Gast dabei. Als wir Volkslieder sangen, kamen wir wegen der Texte manchmal ins Stolpern, aber alles in allem erlebten wir ein schönes Beisammensein.

Kürzlich nun fragte eine bekümmerte alte Dame von 83 Jahren meine Frau, ob ich ihre defekte Zither reparieren könne. Versuchen wollte ich es zumindest, und so brachte meine Frau das Instrument in einer zerfledderten Pappschachtel mit nach Hause. Es war eine von den Zithern, unter deren Saiten man so eine Art Schnittmusterbogen mit Noten schieben muss. Man folgt mit den Augen der Zickzacklinie und plinkt mit dem auf den rechten Daumen gesteckten Metallsporn just dort eine Saite an, wo man eine Note findet. Mit dem Sporn am linken Daumen bringt man als Begleitung die vier passenden Akkordsaiten zum Klingen.

Verträumt betrachtete ich das Instrument – und plötzlich fühlte ich mich in meine Kindheit zurückversetzt. Ich sah mich als Zehnjährigen, wie ich mich bei der Christvesper meiner Heimatgemeinde in Berlin auf dem Podium mit bebenden Fingern an einer eben solchen Zither zu schaffen machte. Die Versammlung verfolgte je nach Verwandtschaftsgrad gutmütig bis entzückt die Darbietungen des Jungtalents. Was war das aufregend! Was war das schön, trotz aller Angst, mich zu verspielen! Unter meinen Händen füllte sich ein ganzer Raum voll zarter Musik! Lang, lang ist's her.

Aber zurück zur Reparatur! Der Zither fehlte weiter nichts als eine C-Saite. Die wollte ich eines Abends eben mal schnell aufziehen – und fertig. Aber der Zither fehlte nicht nur die C-Saite, sondern insgesamt auch die richtige Stimmung. Es war unmöglich, darauf noch ein Lied zu spielen. Der reinste Ohrenhorror sozusagen.

Also begann ich sorgfältig, die mehr als vierzig Saiten mithilfe eines elektronischen Stimmgerätes zu stimmen, während meine eigene Stimmung allmählich sank. Denn mit so viel Zeitaufwand hatte ich nun wirklich nicht gerechnet. Schließlich reparierte ich seufzend auch noch die Pappschachtel mit Klebeband, immerhin durch das gute Gefühl getrostet, noch eine weitere gute Tat zu tun. Endlich konnte ich die Zither in die Schachtel legen – und mich danach hundemüde ins Bett.

„Na“, fragte ich meine Frau einige Tage später gespannt, „was hat die alte Dame gesagt?“

„Sie sagt, vorher hätte die Zither schöner geklungen.“

Vor Überraschung schnappte ich nach Luft.

„Na ja“, versuchte meine Frau, den Tiefschlag zu mindern, „wer weiß, wie lange sie nicht mehr darauf gespielt hat.“

Wie die alte Dame den Wohlklang der richtigen Stimmung als Missklang empfinden konnte, blieb mir ein Rätsel. Dass sie auf den verstimmten Saiten richtig gespielt haben könnte, halte ich für ausgeschlossen.

Diese kleine Begebenheit ist für mich zum Sinnbild für den Advent geworden. Jesus kam in die Disharmonie dieser Welt, um uns in Einklang mit Gott zu bringen. Er brachte Heil, wurde aber als einer angesehen, der Unheil über die Menschheit bringt. Jesus hat nur Gutes getan,

aber als Feind sah man ihn an. Er kam vom Himmel als Licht in die Welt. Aber man warf ihm vor, mit dem Teufel im Bunde zu stehen. Sogar seine leiblichen Brüder rückten von ihm ab und erklärten ihn für verrückt. Sie haben das später zurückgenommen. Denn sie hatten ihr eigenes Leben als Missklang erkannt und glaubten an Jesus Christus als Gottes Sohn.

Mit dem ersten Advent beginnt die Zeit der Lichter. Der Glanz der Kerzen weist auf Jesus, den Sohn Gottes, der als Licht der Welt in unsere Dunkelheit kam.

Irgendwo las ich: „Tausend Kerzen machen es nicht hell in einem Menschenherzen." Das ist wahr. Das schafft nur Jesus Christus. Das Licht der Welt will auch dein Licht sein. Er will in dein Herz. Er steht vor deiner Tür und klopft an.

4. Dezember

Er war genauso wie Gott
und hielt es nicht gewaltsam fest,
Gott gleich zu sein. Er legte alles ab
und wurde einem Sklaven gleich.
Er wurde Mensch und alle sahen ihn auch so.

Philipper 2,6-7; NeÜ

Gott fällt aus allen Wolken

von Theo Lehmann

Weißt du eigentlich, wie die ganze Weihnachtsschenkerei angefangen hat? Warum wir uns beschenken und in uns gehen? Weil Gott zu Weihnachten aus sich heraus gegangen ist und uns seinen Sohn geschenkt hat. Also nicht das Billigste, sondern das Teuerste, was er hatte. An Weihnachten möchte keiner gern allein sein, weder die Kranken in ihren Zimmern noch die jungen Leute in ihrer Verliebtheit. Und die vielen, die zum ersten Mal an Weihnachten als Witwer oder Witwe in ihrer Bude hocken müssen und die bloß noch ein leerer Sessel anstarrt – die denken besonders an diejenigen, die sie lieb haben.

Das tut Gott auch.

Weihnachten rücken alle möglichst nahe zusammen und jeder sehnt sich nach Gesellschaft.

Gott auch.

Stell dir mal vor: Gott sehnt sich nach dir. Gott sehnt sich nach deiner Gesellschaft! Ganz egal,

welcher Gesellschaftsschicht du angehörst. Ob du Cabrio-Fahrer mit 'ner Puppe zum Knutschen oder Mopedfahrer bist, ob du Model bist oder Reinigungskraft, ob du der große Boss hinterm Schreibtisch bist oder der kleine Verbrecher hinter Schloss und Riegel – mit uns allen möchte Gott zusammenrücken. Uns allen möchte er auf die Pelle rücken. Mit uns allen möchte er Bruderschaft schließen. Gott, der Chef des Universums, bietet dir heute das Du an. Kannst du dir das vorstellen?

Nein?

Siehste, eben deshalb ist ja Gott gleich mal selber gekommen. Der Höchste hat sich höchstpersönlich vorgestellt, damit wir nicht auf unsere Vorstellungen angewiesen sind über einen Gott, der keine Person ist, sondern ein Prinzip, eine höhere Macht, ein Urgrund des Seins oder was es da noch alles für religiös-philosophische Blasen gibt. Damit mal Schluss ist mit der Vorstellung über einen Gott hinter den Wolken, der bloß aus der Ferne zuguckt, wie wir hier rumkrebsen, den es nicht juckt, was wir hier leiden müssen, der hoch über allem schwebt und zu uns sagt: „Nu seht mal zu, wie ihr da unten mit euren Problemen zurechtkommt." Auf so einen unlieben Gott können wir gut und gerne verzichten, weil der uns sowieso nichts bringt. Ein Gott, der uns nichts nützt, der nützt uns nichts.

Was brauchst du, wenn du rausgeflogen bist aus deiner Arbeitsstelle, aus der bürgerlichen Karriere, aus dem Karussell der naiv Vergnügten? Was brauchst du, wenn dir die Decke auf den Kopf fällt und du nicht weißt, wie du den Heiligen Abend hinter dich bringen sollst? Was brauchst du, wenn dir einfällt, was du im letzten Jahr alles falsch gemacht hast, wenn auch das großzügigste Geschenk deine Schuld nicht zudecken kann?

Dann brauchst du keinen Gott, der wer weiß wie weit weg auf Wolke Nr. 27859 wohnt. Dann brauchst du einen, bei dem du klingeln kannst. Mit dem du reden kannst. Der mit dir mitleidet. Der sich nicht vor dir versteckt, sondern sich mit dir versteht. Einen, der sich ansprechen und nicht bloß von ein paar religiös überdurchschnittlich Begabten sehen lässt.

Weihnachten heißt: Gott lässt sich sehen. Und zwar von allen. So steht es in der Bibel: „Denn die Gnade Gottes ist jetzt sichtbar geworden, um allen Menschen die Rettung zu bringen“ (Titus 2,11; NeÜ). Gott ist erschienen in unserer Welt. Hat sich sehen lassen, mitten unter uns. Hat gesagt: „Bitte, da habt ihr mich. Ich stehe zu eurer Verfügung.“

Gnade heißt: Es handelt sich um ein Geschenk. Wenn wir schenken, richtet sich das Geschenk danach, was uns der andere wert ist. Die Frau oder Freundin bekommt eine Flasche Chanel No 5. Die Frau Mama 'ne Flasche Livio-Öl. Die Oma eine Flasche Klosterfrau Melissengeist. Die kleine Schwester ein Fläschchen mit Liebesperlchen. Und die Frau Nachbarin kriegt gar nichts, weil die sowieso eine alte Flasche ist.

Das ist alles genau abgestuft. Wer lieb war, kriegt was. Von wem wir nichts haben, der hat von uns auch nichts zu erwarten.

Bei Gott ist das anders. Der beschenkt alle. Der fragt nicht wie der Weihnachtsmann, ob wir brav waren oder unartig. Der fragt nicht, ob ihm einer was nützt oder nicht. Er gibt jedem das gleiche Geschenk, weil er jeden gleich liebt. Er gibt das Beste, was er hat. Er gibt sich selber: Gott wird Mensch. Das feiern wir zu Weihnachten: dass Gott Mensch geworden ist.

5. Dezember

Frieden lasse ich euch, meinen Frieden gebe
ich euch; nicht wie die Welt gibt, gebe ich euch.
Euer Herz werde nicht bestürzt,
sei auch nicht furchtsam.

Johannes 14,27

Glaube, Hoffnung, Kraft

von Jörg Swoboda

Maria besucht ihre Tante Elisabeth. Beide sind schwanger. Das ist bei beiden eigentlich ein Ding der Unmöglichkeit, denn die Tante ist jenseits der Wechseljahre und ihre Nichte hat weder mit ihrem Verlobten Josef noch sonst mit irgendeinem Mann geschlafen. Sie gehört zu den Frauen, die sich für den Mann ihres Lebens aufsparen und, wenn sie ihn gefunden haben, auch noch bis zur Hochzeit warten. Sie ist also noch Jungfrau und trotzdem schwanger, und zwar durch den Heiligen Geist. Die meisten meinen: Unmöglich! Das gab es ja noch nie. Das kann es also gar nicht geben.

Aber wieso reden dann alle vom Urknall? Den gab es ja auch nicht, bevor er dann geschah. Wenn es denn überhaupt so war. Jedenfalls glaube ich, dass unser Schöpfer auch einmal einen anderen Weg der Zeugung wählen kann als den biologischen.

Die beiden Frauen sind nicht nur verwandt. Sie verbindet außerdem, dass ihre beiden Kinder von

Gottes Engeln angekündigt worden sind. Gott beteiligt sie an der größten Rettungsaktion der Weltgeschichte. Denn Elisabeths Sohn Johannes wird der Wegbereiter für Jesus sein. Marias Sohn Jesus wird als Retter und Erlöser der Menschheit zur Welt kommen. Deshalb stößt uns diese unscheinbare Begegnung die Tür zur Weihnacht auf.

Die alte Elisabeth nennt das Baby in Marias Bauch ihren „Herrn". Das kann sie nur, weil der Heilige Geist ihr hier einen besonderen Durchblick schenkt. Sie preist Maria glücklich. Warum? 30 Jahre später wird Jesus die Menschen zur radikalen Umkehr zu Gott aufrufen und damit das Volk polarisieren. Er wird verfolgt und verehrt werden, mit seiner Bergpredigt Aufsehen erregen und seelisch und körperlich Kranke heilen. Dann wird er zum Entsetzen seiner Anhänger am Kreuz sterben, aber drei Tage später von den Toten auferstehen. Er wird bei der Himmelfahrt in Gottes unsichtbare Dimension eintreten und eine Herrschaft antreten, die nie zu Ende gehen wird.

Marias Leben wird also durch die Geburt von Jesus schwer und kompliziert werden.

Warum schätzt Tante Elisabeth ihre Nichte Maria dann trotzdem glücklich? Weil Gott in seiner Rettungsaktion der Schöpfung für Maria eine Planstelle

hat. Und Maria hat zu dieser Platzanweisung durch Gott ein völliges Ja gefunden. Mit Gott und seinem Willen in Übereinstimmung zu sein beschreibt die Bibel als Glück, auch wenn der Weg schwer wird.

Kaum sind Elisabeths Worte vom Glück verklungen, da quillt ein Lobgesang über die Lippen ihrer jungen Nichte. Maria singt:

Die Barmherzigkeit des Herrn bleibt für immer und ewig, sie gilt allen Menschen, die ihn ehren. Er streckt seinen starken Arm aus und fegt die Hochmütigen mit ihren stolzen Plänen hinweg. Er stürzt Herrscher von ihrem Thron, und Unterdrückte richtet er auf. Die Hungrigen beschenkt er mit Gütern, und die Reichen schickt er mit leeren Händen weg. Seine Barmherzigkeit hat er uns, seinen Dienern, zugesagt, ja, er wird seinem Volk Israel helfen. Er hat es unseren Vorfahren versprochen, Abraham und seinen Nachkommen hat er es für immer zugesagt.
Lukas 1,50-55

Wie ein warmer, voller Glockenklang klingt hier das Motto von Weihnachten auf. Zweimal in Marias kurzem Loblied hören wir von „Gottes Barmherzigkeit". Ja, wenn Gott Ungerechtigkeit sieht, wenn er sieht, wie zerrissen seine Welt und wir Menschen sind, dann resigniert er nicht, sondern reagiert mit Barmherzigkeit. Barmherzigkeit ist noch mehr als Warmherzigkeit. Erbarmen kommt von dem alten deutschen Abarmen – Armut wird abgestellt. Wenn Gott sich über jemanden erbarmt, dann *fühlt* er nicht nur etwas, dann *tut* er auch was. Dann hilft er. Aber nur denen, die ihn ehren und sich helfen lassen. So singt Maria es. Denn Stolz macht stur und Eigenwille führt zum Widerwillen gegen Gottes gute Absichten mit uns. Der Kampf wogt oft in unseren Herzen hin und her. Maria ist noch sehr jung. Deshalb ist es wirklich erstaunlich, was sie über die göttlichen und widergöttlichen Kräfte weiß, die in uns um die Oberhand ringen.

Aber dieser Lobgesang ist nicht nur erstaunlich, sondern er gibt uns auch ein Rätsel auf, denn Maria hat von dem, was sie besingt, selber noch nichts gesehen. Eher das Gegenteil:

- Kaiser Augustus in Rom sitzt noch auf dem Thron und lässt sich als Gott verehren.
- Israel stöhnt noch immer unter der Knute der römischen Besatzungsmacht.
- König Herodes in Jerusalem mordet seine Landsleute weiter ungestraft.
- In Galiläa herrschen Arbeitslosigkeit, Armut und soziale Spannungen.

Wenn die Wirklichkeit so deprimierend ist, wieso kann sie dann davon singen, dass sich durch Gott alles zum Guten wenden wird?

Sie spricht zwar nicht aus eigener Lebenserfahrung, aber aus der Glaubenserfahrung anderer Menschen, so wie es auch die schwarzen Sklaven in Nordamerika in einem ihrer Lieder auf den Punkt gebracht haben: „Didn't my Lord deliver Daniel ... and why not every man?" – „Rettete mein Gott nicht Daniel ... und warum nicht jedermann?" Sie hatten im Alten Testament von Daniel gelesen, der sich auch unter extremem Druck nicht der Mehrheitsmeinung gebeugt hatte. Dafür sollte dieser Außenseiter mit dem Leben bezahlen, aber er wurde von Gott geschützt und gerettet. Daraus schöpften die Sklaven die Energie der Hoffnung,

dass auch ihr Leiden eines Tages zu Ende sein wird.

Auch der schwarze Baptistenpastor Martin Luther King jr. war von dieser Hoffnung beseelt, als er 1963 in Washington D. C. vor 250.000 Menschen seine berühmte Rede „I have a dream" hielt. Darin beschrieb er seine Hoffnung sehr konkret. Vieles davon ist heute Wirklichkeit geworden.

Ja, eigenes Gottvertrauen ist auch eine Frucht aus dem lebendigem Glauben anderer Menschen. So erwächst aus fremder Glaubenserfahrung eigene Hoffnung. Solche Hoffnung spricht auch aus Marias Lied. Gottes Versprechen und ihr Gottvertrauen füllen ihr Herz aus.

Das kann auch bei uns so sein, doch dazu müssen wir Gottes Wort kennen. Darum ist Bibellesen so wichtig. Darum ist das glaubensstärkende Bibelgespräch so wichtig. Nur dann leben Gottes Verheißungen in uns. Dann ersticken uns bedrückende Lebensverhältnisse nicht. Dann verbittern wir nicht, wenn wir an Ungerechtigkeiten schwer zu kauen haben. Dann sind wir nicht auf die Welt festgenagelt, so wie sie ist, auch nicht auf unsere schlechten Erfahrungen. Dann regiert die Hoffnung unsere Gedanken und unser Verhalten. Sie gibt uns Energie, schwierige Situationen zu verkraften oder zu verändern.

Maria glaubt fest an Gottes Treue, hat er doch in der Vergangenheit zahllose Zusagen auch tatsächlich eingehalten. Deshalb erträgt sie die Spannung, dass Gott andere Versprechungen bis jetzt noch nicht erfüllt hat. Gott hat ihr einen Blick in die Zukunft geschenkt. Und von der Zukunft her fällt strahlendes Licht in die dunkle Gegenwart – wie aus einem hellen Raum durch einen Türspalt Licht in einen dunklen Flur fällt. Gott hat Maria die inneren Augen geöffnet, die Augen der Hoffnung. Daraus schöpft sie Kraft für die nächsten Schritte.

6. Dezember

*Jeder, der den Namen des Herrn
anrufen wird, wird gerettet werden.*

Römer 10,13

Es geht um Tatsachen

VON THEO LEHMANN

Zu Weihnachten geht es um zwei Tatsachen. So heißt es in dem alten Weihnachtslied: „Welt ging verloren. Christ ist geboren."

Tatsache Nummer 1: „Welt ging verloren."

Muss ich darüber noch viele Worte verlieren? Dass die Welt kaputt ist, weiß doch jeder. Völker zerfleischen sich, Weltreiche brechen zusammen, Ausländerhass breitet sich wie ein Krebsgeschwür aus. Millionen sterben an Aids, Krebs, an den Folgen des Hungers, allein 42 Millionen Kinder werden weltweit jährlich abgetrieben. Die Probleme sind unvorstellbar, unerträglich und unlösbar. Ja, so ist es.

Und warum ist es so?

Weil die Menschen denken, sie könnten ohne Gott auskommen, sie könnten ohne seine Gebote leben, sie könnten selber bestimmen, wo's langgeht.

Das geht nun schon so seit Adam und Eva, den ersten beiden Menschen. Die haben mit dem

Experiment angefangen, das Gebot Gottes zu übertreten. Und das hat sich bis in unser Leben fortgesetzt – bis in dein Leben, bis in die verfluchte Stunde, wo dich der Teufel geritten hat und du gesagt hast: „Ach was, ich pfeif auf die Gebote. Ich mach jetzt, was ich will."

Und dann hast du gemacht, was du wolltest. Aber du hast nicht erreicht, was du wolltest. Klar – den Geldbetrag, den Geschlechtsverkehr, den Geschäftsvorteil – den hast du erreicht. Aber du bist dabei nicht froh geworden. Und das war doch das eigentliche Ziel.

Ohne Gott wirst du nie froh werden. Mit der Einstellung „Ich brauche keinen Gott" hast du dein Glück schon verloren. Da bist du verloren. Diese Einstellung – „Ich brauche keinen Gott" – das ist das, was die Bibel Sünde nennt. Durch die Sünde machst du dich kaputt. Ohne Gott kommst du ins Schleudern. Deshalb ist die Welt ins Taumeln geraten. Die Welt hat den Kontakt mit Gott verloren. Das ist also Tatsache Nummer 1: „Welt ging verloren."

Und jetzt kommt Tatsache Nummer 2: „Christ ist geboren."

Das ist der absolute Hit! Das ist die größte Sensation der Weltgeschichte! Das ist das Wunder aller Wunder: Gott klinkt sich nicht aus, sondern hängt sich bei uns rein. Es ist ihm nicht egal, was aus der Welt wird. Er zieht sich nicht in einen himmlischen Schmollwinkel zurück. Er sagt nicht, wie der letzte sächsische König bei seiner Absetzung: „Da macht doch euren Dreck alleene." Sondern er, der König der Welt, kommt im Dreck eines Kuhstalls zur Welt. Er kommt in der Gestalt eines Menschen zu uns, um eigenhändig den Dreck unseres Lebens wegzuräumen, weil wir das alleine eben nicht schaffen. Du kannst deine Sünde selber nicht aus der Welt schaffen. Aber Jesus schafft das! Als er am Kreuz starb, an deiner Stelle, für deine Sünden, da waren die letzten Worte, die er sagte: „Es ist geschafft."

Keiner steckt so tief im Dreck der Sünde, dass Jesus ihn nicht wieder sauber machen könnte. Kein Menschenleben ist so kaputt, dass Jesus es nicht wieder ganz machen, heilen könnte.

Jesus, der Heiland, der Heilmacher, ist Gottes großes Geschenk an uns, die großen Kaputtmacher.

Egal, wie kaputt du dich fühlst, wie kaputt dich andere gemacht haben, wie kaputt du andere gemacht hast, wie kaputt du dich selber gemacht hast – du hast einen Heilmacher! Jedenfalls bietet Gott ihn dir als Geschenk an. Die Frage ist: Bist du bereit, das Geschenk anzunehmen? Es ist doch genug, was du im letzten Jahr alles falsch gemacht und an Schuld auf dich geladen hast! Es reicht doch. Es reicht zur ewigen Verdammnis. Willst du etwa mit dieser Last in den Heiligen Abend gehen? Oder ins nächste Jahr? Oder etwa gar in deine Sterbestunde? Bete jetzt einfach in deinem Herzen: „Jesus, komm in mein Leben." Und wenn du noch nie gebetet hast und nicht weißt, wie du das machen sollst, dann sag einfach: „Jesus." Nur: „Jesus." Und da packst du alles rein, was du auf dem Herzen hast. In der Bibel steht: „Jeder, der den Namen des Herrn anrufen wird, wird gerettet werden" (Römer 10,13). Wenn du heute dein Herz an Jesus verlierst, dann hast du gewonnen.

7. Dezember

Ich bin das Licht der Welt! Wer mir folgt,
wird nicht mehr in der Finsternis umherirren,
sondern wird das Licht haben,
das zum Leben führt.

Johannes 8,12

Was jeder Ausweis mit Weihnachten zu tun hat

von Jörg Swoboda

Wusstest du eigentlich, dass du seit deinem vierzehnten Lebensjahr Schwarz auf Weiß eine Erinnerung an Weihnachten mit dir herumträgst? Nein? Dann nimm bitte einmal deinen Ausweis heraus und schau dir dein Geburtsdatum genau an. Das Jahr, in dem du geboren wurdest, erinnert an die Stunde null, die zum Reichtum für die Welt wurde. Die Zählung unserer Zeitrechnung beginnt nämlich mit dem Geburtsjahr von Jesus Christus. Und so tragen wir alle, ob wir wollen oder nicht, eine Erinnerung an Jesus in unserer Lebensgeschichte mit uns herum.

An alten Gebäuden lesen wir manchmal als Altersangabe nach einer römischen Jahreszahl die lateinischen Worte „ANNO DOMINI". Das bedeutet „im Jahr des Herrn", also eigentlich „im Jahr nach der Geburt unseres Herrn". In historischen Büchern oder Artikeln über lang zurückliegende Ereignisse finden wir nach Daten den Zusatz „v. Chr" oder „n. Chr.", also „vor" oder „nach Christi Geburt". Die Französische Revolution war atheistisch geprägt. Deshalb bemühte man sich in Frankreich fortan, die Erinnerung an Jesus und Weihnachten zu vermeiden und benutzte die neutrale Bezeichnung „vor" bzw. „nach unserer Zeitrechnung". Dies wurde auch von anderen Staaten übernommen. In der DDR waren „v. u. Z." und „n. u. Z." die Standardformulierungen. So finden wir es auch im deutschen Schrifttum verschiedener Religionen. Besonders im Judentum, ist „v. d. Z." oder „n. d. Z." die gebräuchliche Datierung historischer Ereignisse. Selbst Christen verwenden die Bezeichnung gelegentlich, um eine Paradoxie zu umgehen. Denn durch den Rechenfehler eines Historikers liegen das tatsächliche Geburtsjahr und der Beginn der Zeitrechnung um einige Jahre auseinander. Tatsache ist und bleibt dennoch: Unsere Zeitrechnung bezieht sich auf die Geburt des Kindes in

Bethlehem. Doch genau genommen ist nicht die Frage der Datierung vor oder nach Christus entscheidend, sondern ob wir mit oder ohne Christus leben. Denn christlicher Glaube ist nicht vor allem eine Sache des Kopfes, sondern eine Frage der Beziehung. Deshalb fordert Jesus jeden seiner Anhänger auf: „Folge mir nach!" und lädt zu sich ein: „Kommt alle her zu mir, die ihr euch abmüht und unter eurer Last leidet! Ich werde euch Ruhe geben" (Matthäus 11,28; Hfa).

Durch Jesus werden wir mit allem reich beschenkt, was unser Leben trägt. Mitten hinein in die Dunkelheit von Kummer, Krisen und Kriegen sagt er von sich: „Ich bin das Licht der Welt." Wo Jesus als Licht aufleuchtet, muss die Nacht weichen:

» die dunklen Stunden eines vielleicht schweren Jahres, das nun bald zu Ende geht;
» das undurchdringliche Dunkel einer unklaren Zukunft
» oder die lähmenden Schatten der Kraft- und Hoffnungslosigkeit;
» sogar die Schatten des Todes lieber Menschen müssen weichen, auch die des eigenen Todes.

Denen, die von Mitmenschen maßlos enttäuscht wurden und unter der seelischen Wüste in den Menschenherzen leiden, werden hellhörig, wenn sie die Jesus-Worte lesen: „Ich bin das Wasser des Lebens." Und: „Wer Durst hat, der komme. Wer will, der trinke vom Wasser des Lebens! Er bekommt es umsonst" (Offenbarung 22,17; NeÜ).

Denen, die in keiner Philosophie Frieden fanden und weiter nach dem Sinn des Lebens hungern, sagt Jesus: „Ich bin das Brot des Lebens" (Johannes 6,35). Wer Jesus in sein Leben aufnimmt, erfährt das Wunder, dass die quälende Frage nach dem Lebenssinn zur Ruhe kommt. Dem geht es wie einem Kind, das morgens aufwacht, in das freundliche Gesicht der Mutter blickt und spürt: Alles ist gut.

Jesus leitet uns an, Gott im Gebet mit „Vater" anzusprechen. Unser Schöpfer ist unser Gegenüber. Anhänger der Esoterik dagegen suchen das Göttliche in sich. Wohlgemerkt: das Göttliche. Aber Gott ist kein Etwas, sondern ein Jemand, kein Es, sondern ein Du. Dafür öffnet uns Jesus die inneren Augen.

Den innerlich Abgestorbenen ruft er zu: „Ich lebe, und ihr sollt auch leben" (Johannes 14,19).

Während ich dies schreibe, werde ich unbeschreiblich froh. Diese Jesus-Worte machen mich reich und bringen mein Herz zum Klopfen. So geht es jedem, der sich für Jesus öffnet und sich ihm zuwendet. Probieren Sie es aus!

8. Dezember

So viele ihn aber aufnahmen,
denen gab er das Recht,
Kinder Gottes zu werden,
denen, die an seinen Namen glauben;

Johannes 1,12

Funzelchristen?

VON THEO LEHMANN

Ein Pfarrer renoviert seine Kirche. Zu Weihnachten soll alles fertig sein. Überraschend bekommt er eine fette Spende, und davon will er sich einen Traum erfüllen: An die Vorderseite der Kirche will er einen Bibelspruch anbringen lassen, aus Holz geschnitzt, handgearbeitet.

Er fährt ins Erzgebirge zu einem Holzschnitzer und überredet ihn, den Auftrag so kurz vor Weihnachten noch anzunehmen. Das Geschäft wird mit einem Schnaps besiegelt. Der Pfarrer fährt nach Hause. Kaum ist er da, kommt eine Telegramm vom Holzschnitzer: „Hauptsache vergessen: Wie heißt der Spruch? Wie sind die Maße?" Der Pfarrer telegrafiert zurück, und als der Holzschnitzer das liest, traut er seinen Augen nicht. Das Telegramm lautet: „Uns ist ein Kind geboren. Ein Sohn ist uns gegeben. Drei Meter lang, einen halben Meter breit."

Der Satz, den der Pfarrer geschnitzt haben wollte, lautet im Zusammenhang der Bibel: „Das

Volk, das im Dunkel lebt, sieht ein großes Licht. Die im Land der Finsternis wohnen, Licht leuchtet über ihnen. ... Denn uns ist ein Kind geboren, ein Sohn ist uns gegeben, und die Herrschaft ruht auf seiner Schulter."

Welches ist das wichtigste Wort in diesem Bibelabschnitt? Hier kommen ja eine Menge schwere, bedeutungsschwere Wörter vor, und unsere ganze Weihnachtsfeier wäre sinnlos, wenn wir nicht erkennen würden, was hier das wichtigste Wort ist. Ohne dieses Schlüsselwort bleiben uns diese Bibelstelle, die Weihnachtsgeschichte, das Weihnachtsfest verschlossen.

Das wichtigste Wort heißt: „uns". Der Prophet Jesaja sagt nicht: „Es ist ein Kind geboren", sondern er sagt: „Uns ist ein Kind geboren." Und die Engel sagen zu den Hirten nicht: „Es ist heute der Heiland geboren", sondern: „Euch ist heute der Heiland geboren."

Gott hat es auf uns abgesehen. Sein Sohn ist uns gegeben. Also geht es darum, das an uns adressierte Geschenk Gottes anzunehmen. Alle, die das nicht wissen,

wissen nicht, was Weihnachten ist. Die feiern die Fete falsch. Feiern – das tun sie am Vierundzwanzigsten alle, auch die Gottesleugner. Aber auch sie können nicht leugnen, dass Weihnachten deswegen stattfindet, weil damals ein Kind geboren wurde. Das ist der Anlass. Aber viele wollen, obwohl sie mitfeiern, mit dem Anlass der Feier, mit dem Kind, nichts zu tun haben. Das kommt mir immer so vor, also würde jemand mit großem Tamtam die Erfindung der Glühbirne feiern, aber für seine Person die Glühbirne ablehnen und bei der Petroleumlampe bleiben. Dabei feiert doch nur der die Erfindung der Glühbirne richtig, der diese Erfindung für sich in Anspruch nimmt, also elektrisches Licht nutzt. Es wäre ja widersinnig, das Fest der Geburt der Glühbirne bei Gänsebraten und Glühwein zu feiern, sich gegenseitig kleine Glühbirnen aus Marzipan zu schenken und überall holzgeschnitzte Glühbirnchen aufzuhängen, aber wegen prinzipieller Gegnerschaft gegen die Glühbirne im Dunklen statt im Hellen zu sitzen.

Viele feiern das Weihnachtsfest auf diese verkehrte Art. Sie feiern, aber sie lehnen Jesus ab. Sie nehmen ihn nicht für sich in Anspruch. Und deshalb bleiben sie auch unter tausend Kerzen und unter dem elektrifizierten Weihnachtsbaum im Finstern. Tappen weiter im Dunklen – sehen nicht ein, dass sie einen Retter nötig haben, sehen nicht, dass sie einen Retter haben.

Vielleicht gehören wir selber zum Verein dieser Funzelchristen? Nicht etwa, dass wir Jesus ablehnen. Davon kann natürlich keine Rede sein. Aber nehmen wir ihn denn wirklich für uns in Anspruch? Zwischen „haben" und „in Anspruch nehmen" ist nämlich ein großer Unterschied.

Einen Sicherheitsgurt haben alle. Aber nehmen ihn alle in Anspruch? Jesus haben viele. Viele sogar schwarz auf weiß auf ihrem Taufschein. Aber, man wird ja wohl noch fragen dürfen: Nehmen sie ihn alle in Anspruch?

9. Dezember

Groß ist der HERR
und sehr zu loben.
Seine Größe ist unerforschlich.

Psalm 145,3

Benedicamus domino!

von Jörg Swoboda

Einen Tag vor Heiligabend fahre ich zum Großeinkauf in den Supermarkt. Mit meinem gefüllten Einkaufswagen bleibe ich auf dem Rückweg am Blumenstand stehen. Ich mustere die vielen Blumentöpfe, die am Boden stehen. Die beiden Verkäuferinnen mustern mich und fragen sich, wie ich mich wohl entscheide. Noch überlege ich. Dann macht mein Zeigefinger eine kreisende Bewegung mit immer kleiner werdendem Radius und verharrt schließlich.

„Ein Alpenveilchen bitte. Wie teuer ist das?", frage ich.

„Drei Euro siebzig, aber das steht doch dran", belehrt mich die Brünette.

Ich flunkere ein bisschen: „Ich hatte nur Augen für Sie."

„Es ist ja auch schöner, wenn man es gesagt bekommt, dann tut es nicht so weh", lenkt sie im Blick auf den Preis ein. Dann nimmt sie meinen heiteren Ton auf und überrascht mich mit einer großzügigen Ankündigung: „Dafür singe ich Ihnen auch ein Lied vor. Wünschen Sie sich, was Sie wollen." Doch sie hat den Mund wohl etwas zu voll genommen. Ihr Repertoire stellt sich als deutlich bescheidener heraus, denn sie schränkt ein: „Am besten ‚O du fröhliche', das habe ich geübt."

Ich lasse mich aber damit nicht abspeisen und fordere sie heraus, als hätte ich wirklich eine Wahl: „Nein, ich möchte lieber das Lied hören ‚Als ich bei meine Schafen wacht'."

Sie kapituliert: „Das kann ich nicht" – und dreht den Spieß um. Sie fordert mich kess auf: „Singen Sie es mir vor!"

Sie hat wohl nicht wirklich damit gerechnet, dass ich singen würde, denn sie und ihre Kollegin schauen mich ungläubig an, als ich im Gewusel der an uns vorbeiströmenden Kunden tatsächlich zu singen beginne: „Als ich bei meinen Schafen wacht, ein Engel mir die Botschaft bracht. Des bin ich froh, bin ich froh, froh, froh, froh, o, o, o! Benedicamus domino."

Mit großen Augen haben mir beide zugehört. Und ich erkläre: „Benedicamus domino ist lateinisch und heißt auf Deutsch ‚Wir loben den Herrn', also Gott. Und wissen Sie, warum Gott gelobt wird?"

„Wegen Weihnachten", antwortet die Brünette.

„Wissen Sie über Weihnachten Bescheid?", frage ich.

Sie antwortet: „Na ja, es geht um Maria und Josef."

„Kennen Sie auch die Hauptperson von Weihnachten?", frage ich weiter.

Sie sagt: „Na, das wird ja dann sicher Jesus sein."

Ich bestätige: „Genau. Und wissen Sie, wofür die Hirten in dem Lied Gott loben? Dafür dass sie sich davon überzeugen konnten, dass alles stimmte, was der Weihnachtsengel vorher angekündigt hatte: Sie sind nach Bethlehem gegangen und haben das Jesuskind wirklich in der Krippe gefunden. Da ist die ‚große Freude' in ihr Herz gekommen, von der der Engel gesprochen hatte. Damit haben sie noch viele andere Menschen angesteckt. Die Hirten waren durch die empfangene und verschenkte Freude so glücklich, dass sie aus dem Singen gar nicht mehr herausgekommen sind."

Ich kann mir gut vorstellen, dass die Geschichte weitergegangen ist, so vergnügt, wie wir uns verabschiedet haben. Weitergegangen deshalb, weil die beiden Verkäuferinnen für ihre Familienfeier etwas zu erzählen hatten. Sie werden ja schließlich nicht alle Tage an ihrem Blumenstand ein Ständchen hören. Jedenfalls habe ich wie die Hirten erlebt, dass sich die Freude verdoppelt, wenn man sie mit anderen teilt.

10. Dezember

Das Heilige,
das von dir geboren wird,
wird Gottes Sohn genannt werden.

Lukas 1,35

Es geht um die Machtfrage

VON THEO LEHMANN

Neulich hat mir jemand erzählt, in seiner religionspädagogischen Ausbildung sei die Weihnachtsgeschichte von Lukas durchgenommen worden. Da sei aber alles als Mythologie und Legende bezeichnet worden, und das Einzige, was als gesichert gelte, sei, dass damals der Kaiser Augustus gelebt habe. O du lieber Augustin – alles ist hin. Fröhliche Weihnachten!

Wahr ist, dass ganze Generationen von Theologen sich bemühen, alles Göttliche aus der Weihnachtsgeschichte zu demontieren, bis nur noch ein Ich-liebe-euch-doch-alle-Mitmenschlichkeitskuscheljesus übrig bleibt. Und wahr ist zweitens, dass unser Glaube steht und fällt mit dem Satz: „Das Wort wurde Fleisch." Das heißt: Gott wurde Mensch. Alles andere ist unchristliches Geschwafel.

Ebenso wie das Gerede, alle Relgionen würden den gleichen Gott anbeten. Wenn aber z. B. der

Islam lehrt, dass Jesus nicht Gottes Sohn war, dann wird klar, dass der Islam eine antichristliche Religion ist. Der Engel Gabriel sagt jedenfalls zu Maria: „Das Heilige, das von dir geboren wird, wird Gottes Sohn genannt werden" (Lukas 1,35).

Als Jesus mal seine Jünger fragte: „Wer bin ich?", da kamen lauter falsche Antworten. Dann sagte Petrus: „Du bist Christus, der Sohn des lebendigen Gottes" (Matthäus 16,16). Das war die richtige, die einzig richtige Antwort. In der Bibel steht: „Die Herrschaft ruht auf seiner Schulter" (Jesaja 9,5).

Jesus ist gekommen, um die Menschen von jeder Art Fremdherrschaft zu befreien. Egal, ob es sich um Schuld, Suff, Traurigkeit, Drogenabhängigkeit oder Angst handelt. Seit er gekommen ist, ist Hoffnung für alle Menschen da. Er kann auch dein Leben zurechtbringen. Er schafft das bei allen Menschen, die ihm die Herrschaft über ihr Leben einräumen.

Die Frage ist also: Auf wessen Schultern ruht die Herrschaft über dein Leben? Bist du dein eigener Herr oder bist du Eigentum des Herrn? Weihnachten geht es um die Machtfrage: Wer ist bei dir der Herr im Hause? Die Bibel sagt: „So viele ihn aber aufnahmen, denen gab er das Recht, Kinder Gottes zu werden" (Johannes 1,12).

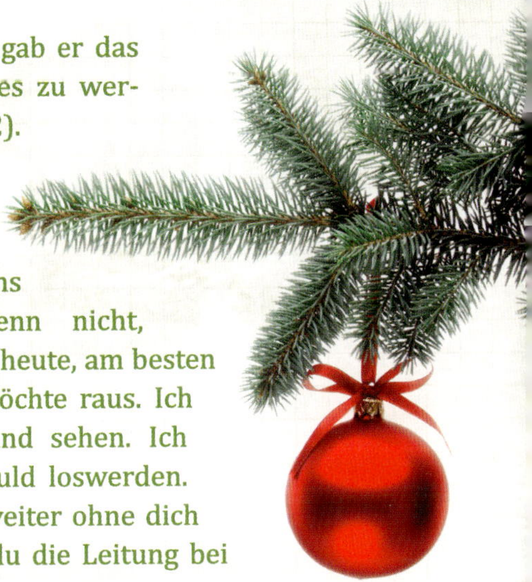

Hast du den Herrn Jesus als Fürsten, Boss und Chef deines Lebens angenommen? Wenn nicht, dann sag ihm noch heute, am besten jetzt: „Jesus, ich möchte raus. Ich möchte wieder Land sehen. Ich möchte meine Schuld loswerden. Ich möchte nicht weiter ohne dich leben. Übernimm du die Leitung bei mir."

So oder ähnlich kannst du mit Jesus reden. Lass dich mit ihm ein! Lass ihn in dein Leben rein! Lass ihn den Herrn deines Lebens sein!

Dann bekommst du das, was sich alle Welt wünscht, wovon alle Welt redet und was dir alle Welt nie geben kann: Frieden mit Gott.

Friede mit Gott ist die Sehnsucht vieler Menschen.
Friede mit Gott ist für alle Menschen da.
Jesus hat uns mit Gott versöhnt.
Sein Tod am Kreuz macht frei.
Die Feindschaft ist vorbei.
Er ist unser Friede.

Die Mauer ist gefallen,
die unser Herz umgibt.
Wer sich mit Gott versöhnen lässt,
selbst seine Feinde liebt.

Die Wand ist abgebrochen,
die uns die Sicht verbaut.
Wer sich mit Gott versöhnen lässt,
Gott mehr als sich vertraut.

Der Zaun ist abgerissen,
die Schuld, die uns getrennt.
Wer sich mit Gott versöhnen lässt,
den wahren Frieden kennt.

(Theo Lehmann/Wolfgang Tost)

11. Dezember

*Fürchtet euch nicht,
denn siehe, ich verkündige euch große Freude,
die allem Volk widerfahren soll.*

Lukas 2,10; NeÜ

Die dicke Tine

von Jörg Swoboda

Vorsichtig steuere ich an einem Dezembertag mein Auto über schneebedeckte Straßen in Richtung Mecklenburg. Mein Magen knurrt und erinnert mich an mein mageres Müsli am Morgen. Am Straßenrand ein Schild: „Thüringer Rostbratwürste". Ärgerlich, dass ich es zu spät gesehen habe.

Zum Glück kommt ein Kreisel. Also eine Runde drehen und zurück. Am Autohaus rauf auf den Parkplatz. In einem Partyzelt brennt ein Holzkohlenfeuer. Davor steht „Die dicke Tine", wie es die Aufschrift auf ihrem Auto verrät. Ich bestelle eine Wurst mit Brötchen und plaudere drauflos: „Wenn ich auf der Thüringer Autobahn an Magdala vorbeikomme, halte ich oft am Imbissstand, kaufe 20 Bratwürste und friere sie dann zu Hause ein."

Sie hört freundlich zu, während sie einige Würste über der Glut wendet. „Die sind dann sicher nicht vorgebrüht wie meine", lässt sie sich gern auf meinen Plauderton ein, denn ich bin der einzige Kunde.

Als sie mir noch einen Pott Kaffee einschenkt, erzähle ich: „Vor ein paar Tagen habe ich meinen Enkel Emil gefragt: ‚Weshalb feiern wir Weihnachten?' Da hat er gesagt: ‚Weil da das Christkind kommt.' – Was hätten Sie gesagt?"

Sie schaut mich überrascht an und antwortet nachdenklich: „Schwierige Frage. Na, hat er nicht Recht? Da kommt doch jedes Jahr das Christkind – oder?"

„Fast richtig", antworte ich, „nur kann das nicht jedes Jahr kommen. Kinder werden nur einmal geboren."

Zu meinem Erstaunen legt sie Details nach: „Da sind doch die drei Weisen gekommen, zum Kind nach Bethlehem."

„Wissen Sie auch den Namen des Kindes?", lasse ich nicht locker.

Sie denkt nach und fragt unsicher: „Jesus?"

„Hurra!", rufe ich und reiße meine Arme hoch, als hätte sie ein Tor geschossen und wundere mich gleichzeitig über meinen Gefühlsausbruch. Aber dass bei dieser erfrischenden Begegnung unter der Oberfläche von Allgemeinheiten biblisches

Kernwissen auftaucht, überrascht und freut mich schließlich. „Wissen Sie auch, was die Engel gesagt haben?“, frage ich weiter.

„Zu wem?“, will sie wissen.

„Na, zu den Hirten“, ergänze ich.

„Nein“, sagt sie.

Nun zitiere ich die Engelbotschaft aus dem Neuen Testament: „Fürchtet euch nicht, denn siehe, ich verkündige euch große Freude, die allem Volk widerfahren soll. Denn euch ist heute der Heilmacher geboren, welcher ist Christus, der Herr, in der Stadt Davids.“ Sie schaut mich freundlich mit großen Augen an. Darum rede ich weiter: „Der Engel sagt: ‚Fürchtet euch nicht‘, weil manche Sachen im Leben wirklich zum Fürchten sind. Vor ein paar Tagen zum Beispiel sprach ich mit einer jungen Frau, deren Mann seit zwei Jahren eine neue Arbeit sucht, aber keine findet. Ich habe ihr geraten, Gott um Hilfe zu bitten. Aber dazu ist sie zu stolz; sie meint, sie käme sich schuftig vor, weil sie sonst ja auch nicht betet. Dabei können wir Gott mit jeder Not kommen.“

Da kneift Tine die Lippen zusammen, zieht die Augenbrauen hoch, blickt zum Himmel und nickt wissend.

„Gehören Sie zu einer Kirche?", frage ich.

„Nein," sagt sie.

„Ausgetreten?"

„Nie dazugehört."

„Haben Sie schon mal gebetet?", frage ich weiter.

„Nicht so direkt, aber irgendeine Kraft wird es da oben schon geben", meint sie. Ich zeige schelmisch nach oben: „Den Wind? Die Sonne?"

„Nein, nein, irgendjemand, der Impulse gibt."

Ich frage direkt: „Gott?"

„Nicht unbedingt", meint sie, „aber ich glaube nicht an Zufälle. Auch dass wir uns jetzt so schön unterhalten können, ist ja kein Zufall."

Ich stimme ihr gern zu, weil ich das auch so sehe. Dann überrascht sie mich mit einem privaten Einblick: „Ich ziehe mir jeden Morgen eine Engelkarte mit einer Botschaft."

„Engelkarte?", frage ich. „Von wem haben sie die denn?"

Sie nennt den Namen einer Frau.

„Esoterikerin?" frage ich.

„Ja", bestätigt sie.

Doch alles hat einmal ein Ende. Sogar meine Bratwurst; die hatte sogar zwei. Außerdem muss ich weiter. Wir verabschieden uns wie alte Bekannte. Später habe ich ihr das Büchlein „Jesus, unser Schicksal" von Pfarrer Busch geschickt. Das hat schon vielen Menschen geholfen, den Weg aus der Nebelwand einer allgemeinen Spiritualität heraus zu finden. Wenn wir nämlich ohne Jesus drin stecken bleiben, entgehen uns die schönsten Weihnachtsgeschenke, die eigentlich auf jeden Menschen warten: Freude, Lebensmut, Frieden mit Gott durch Vergebung, Geborgenheit, Gemeinschaft mit anderen Christen, Hoffnung für sich und andere, Vorfreude auf den Himmel und daraus Kraft für heute.

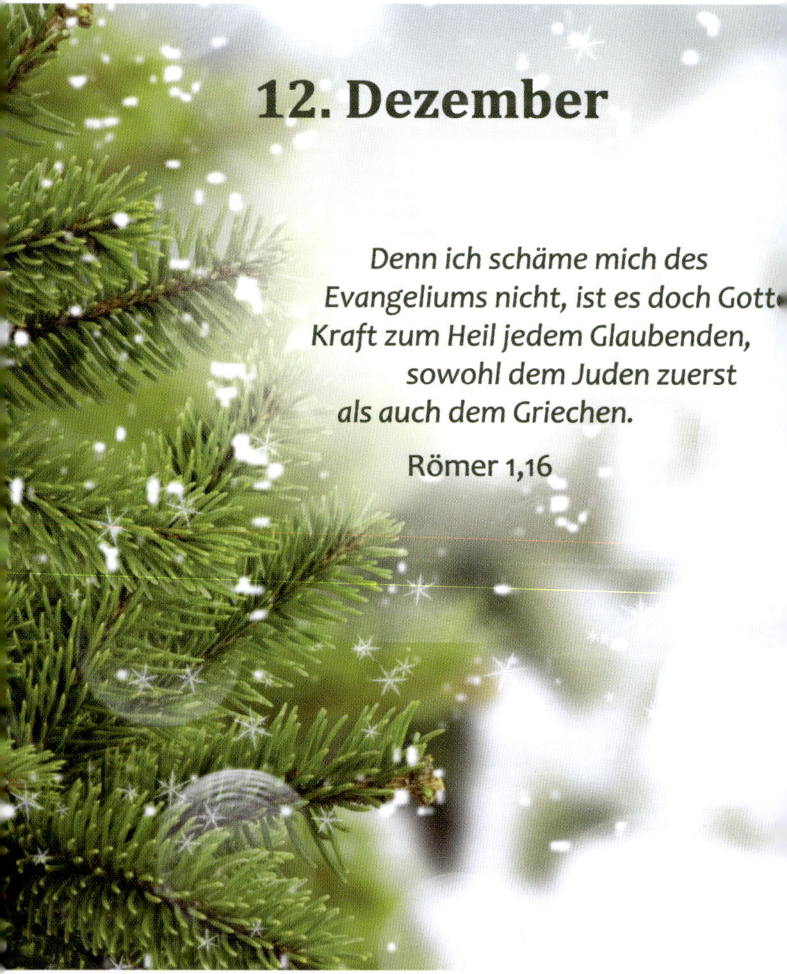

12. Dezember

Denn ich schäme mich des Evangeliums nicht, ist es doch Gott Kraft zum Heil jedem Glaubenden, sowohl dem Juden zuerst als auch dem Griechen.

Römer 1,16

Alle Jahre wieder?

VON THEO LEHMANN

Ich habe es satt, alle Jahre wieder zu Weihnachten so zu tun, als ob Jesus noch das kleine Wickelkind wäre. Ich fand es schon immer ekelhaft, wenn jemand die Jugendzeit eines berühmten Mannes beschreibt, sagen wir mal des Herrn Geheimrat Johann Wolfgang von Goethe, und so ganz treuherzig sagt: „Als der kleine Wolfgang noch in die Schule ging ..." Was heißt hier „der kleine Wolfgang?" Diese Kumpelhaftigkeit finde ich echt blöde. Und genauso geht es mir auf die Ketten, wenn zu Weihnachten vom „Jesulein" die Rede ist. Der ist doch kein Säugling mehr, der im Ställchen, im Kuhställchen bei Ochs und Eselein in einem Krippelein liegt. Nein, er liegt nicht mehr in der Krippe. Er hängt nicht mehr am Kreuz. Er liegt nicht mehr im Grab. Sondern er ist auferstanden. Er steht vor dir und stellt dich vor die Entscheidung, ob du ihn als den Herrn deines Lebens annehmen willst. Ich habe es satt, alle Jahre wieder so zu tun, als ob dieser Mann und diese Geburtstagsfeier eine harmlose Angelegenheit wäre. In einem alten Weihnachtslied heißt es:

Und wer dies Kind
mit Freuden umfangen, küssen will,
muss vorher mit ihm leiden
groß Pein und Marter viel.

Ich fürchte, das haben viele ganz vergessen. Die große Party, die wollen alle. Aber die große Pein? Vielen ist es ja schon peinlich, wenn rauskommt, dass sie überhaupt etwas mit Kirchen zu tun haben und sie am Heiligabend in eine Kirche gehen. Du kannst doch nicht zur Geburtstagsparty von Jesus gehn und sonst so tun, als hättest du mit ihm nichts zu tun. Du kannst doch nicht den holden Knaben mit dem lockigen Haar anerkennen und den geschmähten Mann mit der Dornenkrone ablehnen. Du kannst Jesus nicht zerteilen. Es gibt doch nicht zwei Jesusse – einen niedlichen und einen blutigen. Das ist doch jedes Mal derselbe. Und jedes Mal, wenn von ihm die Rede ist, an seinem Geburtstag oder an seinem Sterbetag, stehst du vor derselben Frage: Willst du ihn als Herrn annehmen? Es geht immer um eine Entscheidung. Eine Entscheidung

für Jesus hat immer Konsequenzen. Und die sind nicht immer harmlos. Zum Beispiel kann es dir passieren, dass du dich in unserer Gesellschaft unmöglich machst, wenn du im Namen von Jesus für die Schwächsten, also für die ungeborenen Kinder, eintrittst und mit Dietrich Bonhoeffer sagst: „Abtreibung ist Mord.“ Da wirst du sehen, dass in unserer angeblich toleranten Gesellschaft Schluss ist mit lustig. Weihnachten ist nicht nur ein Anlass, um Räucherkerzen zu verbrennen. Es ist auch ein Anlass, sich den Mund zu verbrennen.

Ich habe es satt, alle Jahre wieder so zu tun, als ob alles in Butter wäre, als ob der Geburtstag von Jesus bloß noch dazu da wäre, dass wir unsere Butterstollen mampfen. Natürlich, zu Weihnachten futtern wir was Besseres als Bratkartoffeln mit Sülze. Da trinken wir was Besseres als ’ne Cola mit Schuss. Na, das möchte sein! Wir haben wahrhaftig allen Grund zum Feiern! Denn dass Jesus in unsere Welt gekommen ist, ist das erfreulichste Ereignis der Weltgeschichte. Wir dürfen nur nicht vergessen, warum er gekommen ist: um die Welt zu retten. Und die war noch nie so kaputt wie heute, im Zeitalter von Fortschritt und Menschenrechten. 1948 haben die Vereinten Nationen die „Allgemeine Erklärung der Menschenrechte" beschlossen. Aber bis zum heutigen Tag gibt es rücksichtslose Tyrannen, die um ihrer machtpolitischen Ziele willen die Rechte der Menschen mit Füßen treten wie der Kaiser Augustus. Bis zum heutigen Tag werden Millionen als Flüchtlinge hin- und hergeschubst, obdachlos und unerwünscht wie Maria und Josef. Bis zum heutigen Tag werden Millionen wegen ihrer Hautfarbe, ihres Glaubens, ihrer sozialen Stellung verachtet wie die Hirten von Bethlehem. Bis zum heutigen Tag wird in vielen Mitgliedstaaten der UNO die Folter angewendet, und Gott allein weiß, wie viele in Straflagern und Gefängnissen sitzen, weil sie vom Menschenrecht der freien Meinungsäußerung Gebrauch gemacht haben. Und unter denen, die Weihnachten hinter Gittern verbringen, sind vor allem viele Christen. Die wollen wir mal nicht vergessen.

to guide our steps
80 The child grew
until the day when he appeared
to the people of Israel.
The Birth of Jesus
(Matt. 1.18–25)
2 At that time the Emperor Augustus
ordered a census to be taken through-
out the Roman Empire. 2 When this first
census took place, Quirinius was the
governor of Syria. 3 Everyone, then, went
to register himself, each to his own town.

13. Dezember

Mögen sich freuen alle,
die sich bei dir bergen, und jubeln allezeit.
Du beschirmst sie, darum jauchzen in dir,
die deinen Namen lieben.

Psalm 50,12

Fröhlich ja, aber auf wessen Kosten?

VON JÖRG SWOBODA

Ein Weihnachtskonzert in der Adventszeit ist wie ein Entspannungsbad – ein Missklang dagegen wie ein plötzlicher kalter Wasserguss. Ein Konzert mit Missklang habe ich zusammen mit meiner Frau erlebt.

Ein Chor sang Weihnachtslieder aus aller Welt. Sogar mehrsprachig. Das klang sehr schön und machte den Sängern Freude. Auch uns. Entspannungbad, wie gesagt. Doch dann kam die kalte Dusche. Der Moderator kündigte „O du fröhliche, o du selige“ an. An und für sich inhaltlich der Höhepunkt eines Konzertes vor dem Fest. Doch die Sänger hatten sich eine Überraschung ausgedacht. Sie drehten uns kurz den Rücken zu, nestelten geheimnisvoll etwas aus raschelnden Taschen und Tüten und setzten es sich auf den Kopf. Dann drehten sie sich um: Sie hatten sich Weihnachtsmann-Zipfelmützen auf den Kopf gesetzt. Der Dirigent hatte sogar eine Lichterkette mit flackernden Lampen dran. Dann sangen sie amüsiert: „Welt ging verloren, Christ ist geboren: Freue dich, o Christenheit! Christ ist erschienen, uns zu versühnen. Freue, freue dich, o Christenheit!"

Mein Herz begann wie wild zu pochen und ich grummelte meiner Frau meine Entrüstung ins Ohr. Die war noch empörter als ich und wäre aufgestanden und aus der Kirche gelaufen, wenn ich sie nicht davon abgehalten hätte. Dann war das Konzert zu Ende und alles strömte aus der Kirche.

Beim Abendbrot tauschten wir uns über das Erlebnis aus. Meine Entrüstung klang noch nach und forsch kündigte ich an: „Ich werde den Dirigenten besuchen und mit ihm sprechen." Später tat mir das fast leid, denn wer reißt sich schon nach solch einem Gespräch? Monat für Monat schob ich den Besuch vor mir her. Es war schon Sommer, als ich mir endlich ein Herz fasste und ihm ins Haus schneite. Zuerst kam ich ihm von Kollege zu Kollege in Sachen Musik. Ich lobte die Leistung der Sänger und bedankte mich für die schönen Lieder. Doch nach ein paar Runden um den heißen Brei musste ich ja mit der Sprache herausrücken: „Eine Sache hat mich dennoch unangenehm berührt. Warum haben sie das schöne Lied ‚O du fröhliche' mit ihren Mützen so verulkt?" Er tat erstaunt und trat beherzt die Flucht nach vorne an:

„Das war doch fröhlich – oder etwa nicht? Das war eben Freude auf unsere Art."

Ich widersprach: „Macht es Freude, das durch den Kakao zu ziehen, was anderen Menschen heilig ist? Das Lied enthält zentrale Aussagen unseres christlichen Glaubens: ‚gnadenbringende Weihnachtszeit', ‚Welt ging verloren, Christ ward geboren' und ‚Christ ist erschienen, uns zu versühnen'. Das ist die Mitte des Evangeliums. Wenn das mit einem Jux präsentiert wird, finde ich das eher traurig als fröhlich." Er wiegelte ab: „Das kann man so und so sehen."

Freundlich legte ich noch einmal nach, und da begann er zuzuhören. Vielleicht wird unser Gespräch für ihn eine Brücke zur wahren Weihnachtsfreude, die seine kindliche Freude an der Mütze mit der blinkenden Lichterkette weit in den Schatten stellt! Viele Menschen leiden an der Verlorenheit der Welt und an der Eiszeit der kalten Herzen. Sie sind wie erschlagen von der Gnadenlosigkeit der Arbeitswelt. Mitten hinein in die Atmosphäre von Kälte, Schuld, Sinnlosigkeit, Hartherzigkeit und Unversöhnlichkeit klingt der helle Ton der Weihnachtsfreude: Christus ist geboren und bringt uns Versöhnung und Frieden mit Gott. So kommt der Himmel auf die Erde, damit wir einmal in den Himmel kommen können.

14. Dezember

*Denn so hat Gott die Welt geliebt,
dass er seinen eingeborenen Sohn gab,
damit jeder, der an ihn glaubt, nicht
verloren geht, sondern ewiges Leben hat.*

Johannes 3,16

Die Blaulichtaktion Gottes

von Theo Lehmann

Stell dir vor, du liest die Zeitung und entdeckst folgende Anzeige: „Biete Luxusvilla mit allem Komfort in schönster Lage, suche Bretterbude in Israel." Vermutlich würdest du denken: *Der Mann, der diesen Wohnungstausch anbietet, hat offensichtlich nicht alle Tassen im Schrank. Macht doch kein Mensch, so was. Freiwillig aus seiner Traumvilla mit Swimmingpool und Wintergarten ausziehen in eine Bretterbude ohne Wasser und Licht. So was gibt's ja gar nicht.*

Doch, so was gibt's. Allerdings nicht in den Zeitungsnachrichten, das gebe ich zu. Aber in der guten Nachricht, in der Bibel, da steht so was drin. Lukasevangelium, Kapitel 2. Bloß mit dem Unterschied, dass dort nicht von einem Wohnungswechsel die Rede ist, sondern vom Vollzug des Wohnungswechsels. Der seltsame Umzug hat bereits stattgefunden. Gott, der für uns Menschen ferner und unerreichbarer ist als so ein Multimillionär in seiner Traumvilla, dieser unsichtbare, unbegreifliche und große Gott ist umgezogen.

Aus dem Reichtum in die Armut.

Aus dem Himmel auf die Erde.

Vom Jenseits zum Diesseits.

Ich habe ein Buch, das in einer Reihe mit dem Namen „Wegweiser zum Atheismus" erschienen ist. Es hat den Titel „Vom Jenseits zum Diesseits". Ich wundere mich, wie so ein frommer Titel auf so ein gottloses Buch geraten konnte. Denn genau das – vom Jenseits zum Diesseits – ist die Überschrift über der Geschichte, wie Gott Mensch wurde. Es geht los wie bei allen Geschichten, in denen von Machthabern und Bürokraten die Rede ist, nämlich unmenschlich.

Da ist ein Kaiser, der Augustus. Der hat eine Volkszählung angeordnet. Da sind die Bürokraten, die die Aktion durchführen. Da sind die Soldaten, die alles überwachen. Und da sind schließlich die Leute, die Menschen, das statistische Material, das Menschenmaterial. Jeder von denen tut nichts als seine Pflicht. Der Kaiser führt an, die Bürokraten führen durch, die Bürger führen aus. Die führen allerdings am liebsten aus der Haut. Denn wo die Menschen nichts weiter tun als ihre Pflicht, da wird es unmenschlich.

Zum Beispiel war jeder verpflichtet, sich in der Stadt zu melden, aus der seine Familie stammte. Also marschierten Josef und Maria von Nazareth nach Bethlehem. Und weil sie dort kein Quartier fanden, waren sie schließlich froh, dass sie in einem Stall unterkriechen konnten. Und dort gebar Maria ein Kind, einen Jungen, den Retter der Welt.

Ich war mal in der Woche vor Weihnachten in Berlin. Gegen 17:00 Uhr fuhr ich raus zur Autobahn. Da überholte mich ein Motorrad mit Blaulicht. Kurz danach kam das nächste, dann Polizeiautos mit Sirene, Krankenwagen, Feuerwehr, immer mehr. Ich musste an den Rand fahren, um die Rettungskolonne vorbeizulassen. Ich habe nicht gezählt, wie viele Fahrzeuge da an mir vorbeirasten. Ich hatte keine Ahnung, was da vor mir passiert war. Aber mir war klar, dass etwas ganz besonders Schlimmes passiert war. Aus der riesenhaften Rettungsaktion konnte ich erkennen, dass es sich um einen besonders schweren Unfall handeln musste. Und so war's auch. Erst viel später in der Nacht erfuhr ich, dass beim Flughafen Schönefeld ein Flugzeug abgestürzt war.

Falls du im Moment nicht weißt, worin deine Schuld vor

Gott besteht und wieso du verloren bist – aus der riesenhaften Rettungsaktion Gottes kannst du erkennen, wie schlimm es um dich steht. Um dich zu retten, musste Gott, der Schöpfer der Welt, ein Kind werden. Musste Gott, der Herr der Welt, ein Mensch werden. Musste Gott, der Erlöser der Welt, gekreuzigt werden. An der Größe dieser Rettungsaktion kannst du die Größe deiner Schuld und die Größe von Gottes Liebe ermessen. „Denn so hat Gott die Welt geliebt, dass er seinen eingeborenen Sohn gab, damit jeder, der an ihn glaubt, nicht verloren geht, sondern ewiges Leben hat" (Johannes 3,16). Mensch, du bist von Gott geliebt! Er hat zu deiner Rettung alles eingesetzt, was er hatte: Jesus, seinen einzigen Sohn. Verstehst du: Weihnachten ist keine harmlose Lebkuchenparty. Da geht's um Lebensrettung. Jesus ist die Blaulichtaktion Gottes für eine verunglückte Welt.

15. Dezember

Denn der Sohn des
Menschen ist gekommen,
zu suchen und zu retten,
was verloren ist.

Lukas 19,10

Himmlischer Suchdienst

VON JÖRG SWOBODA

Die härteste Zeit für Straftäter im Gefängnis ist die Advents- und Weihnachtszeit. Während sich die Menschen draußen in Einkaufslaune durch die Fußgängerzonen zu den Kaufhäusern und Boutiquen durch die Straßen schieben oder festlich gekleidet zum Konzert in die Kirche gehen, wird für die Gefangenen die Einsamkeit zur Hölle. Erinnerungen an die Familie, die untreue Freundin und an den Freundeskreis quälen furchtbar. Was die Leute draußen zu wenig haben – hat man hier zu viel: Zeit. Besonders in der dunklen Jahreszeit scheinen die Tage mehr als 24 Stunden zu haben. Besonders, wer durch die Bestimmungen der Untersuchungshaft zusätzlich isoliert ist, leidet dann extrem. Deshalb gebe ich mit meinem Pianisten Andreas Reimann in der Jugendstrafanstalt Neustrelitz ein Konzert. Mein Wagen mit der Verstärkeranlage wird bei der Einfahrt und bei der Rückfahrt durch das große Eisentor sorgfältig kontrolliert. Aber jetzt sind wir erst einmal drin.

20 junge Männer im Alter von 14 bis 21 Jahren betreten leise die kleine Kapelle; jedes Gesicht eine Geschichte für sich. Jedes Gesicht eine Festung. Nur keine Gefühle zeigen, sich nicht verletzlich machen. Alle Bewegungen wie in Zeitlupe. Denn wer etwas tut und dabei die Zeit nicht streckt, verlängert nur die tödliche Langeweile.

Der Franziskaner Bruder Gabriel hat sie hereingeführt. Wir sitzen in der ersten Reihe. Beklommene Stille. Also dreht sich Andreas um und beginnt mit einem Gefangenen ein Gespräch. Ja, brechen wir das Eis! Auch ich drehe mich um und frage zwei Männer hinter mir, woher sie stammen. Aha, aus Pasewalk. „Da kommt meine Frau her", versuche ich, eine Brücke zu bauen. Die Antworten auf unsere Fragen sind vorsichtig und einsilbig. In der allgemeinen Stille ist schließlich jedes Wort auch von den anderen gut zu verstehen. Verstohlene Blicke taxieren uns, ob wir fromme Heinis sind – oder doch zwei in Richtung Kumpels?

Dann ist es so weit. Nachdem die Liederzettel ausgeteilt sind, beginnt unser Konzert. Und dann erleben wir beim Singen ein Wunder. Eine Barrikade nach der anderen, eine Festung nach der anderen fällt.

Wir singen von Gott, der an Weihnachten eine beispiellose Rettungsaktion für seine verlorene Welt gestartet hat. Wir singen von Jesus, der es im Himmel vor lauter Liebe zu uns nicht mehr ausgehalten hat. Ich erzähle, dass er als Baby wehrlos zu uns auf die Erde kam, mitten hinein in allen menschlichen Schmutz – in Windeln und nicht im Schutzanzug. Sie hören gespannt zu, als ich sage, dass für ihn kein Mensch der letzte Dreck ist und dass er es nicht für unter seiner Würde gehalten hat, für jeden von uns am Kreuz sein Leben zu lassen. Ja, auch sein Sterben auf Golgatha gehört zu Weihnachten, denn Krippe und Kreuz sind aus demselben Holz. Er ließ sich zuerst in die Krippe legen, um später als unser Stellvertreter am Kreuz die Strafe für unsere Sünden zu verbüßen. Jesus hat über sich und seine Berufung gesagt: „Der Menschensohn ist gekommen, Verlorene zu suchen und zu retten." Er ist der himmlische Suchdienst in Aktion. Seine Vergebung ist unsere Rettung im Jüngsten Gericht.

Gesichter werden lebendig, Augen beginnen leise zu leuchten, ein Mund nach dem anderen öffnet sich, bis nach 100 Minuten Konzert alle, wirklich alle ohne Ausnahme mitsingen.

16. Dezember

Wer in der Sünde lebt,
stammt vom Teufel,
denn der sündigte von Anfang an.
Der Sohn Gottes ist jedoch erschien
um die Taten
des Teufels zu vernichten.

1. Johannes 3,8

Kinderleichen statt Kinderlachen

VON THEO LEHMANN

Die Weihnachtsgeschichte ist ziemlich gut bekannt. Weniger bekannt ist eine andere Geschichte, die unmittelbar danach passiert ist. Es ist eine grausame Geschichte. Die Geschichte vom Kindermord des Herodes. „[Herodes] ließ alle Jungen töten, die in Bethlehem und in seinem ganzen Gebiet waren, von zwei Jahren und darunter" (Matthäus 2,16). In Bethlehem jubeln nicht mehr die Engel. In Bethlehem jammern die Mütter. Warum? Warum – bis zum heutigen Tag – so viel Leid, so viel Grausamkeit, so viel Sinnlosigkeit? Was ist eigentlich los?

Der Teufel ist los. In der Bibel steht: „Dazu ist erschienen der Sohn Gottes, dass er die Werke des Teufels zerstöre" (1. Johannes 3,8). Der Teufel wusste von Anfang an Bescheid. Er tritt sofort zum Kampf an. Während die Engel jubeln: „Ehre sei Gott in der Höhe", findet in der Hölle bereits die Mobilmachung statt. Und kaum ist der Gottessohn geboren, erfolgt der erste Angriff. Das Jesuskind ist noch nicht trocken hinter den Ohren, da will ihm der Satan schon an den Kragen.

In unserer Geschichte wird das Jesuskind erst mal gerettet. Schön und gut. Aber wie die Geschichte weitergeht, das ist eben nicht schön und gut. Da rücken die Soldaten an, um das Jesuskind zu töten. Und da sie nicht genau wissen, welches das gesuchte Kind ist, schlachten sie eben flächendeckend alle Jungs ab, die unter zwei Jahren sind. Das Entsetzliche an dieser Geschichte ist, dass hier Kinder ermordet werden und dass sie ermordet werden wegen Jesus. Das ist das Furchtbarste. Wäre Jesus nicht in Bethlehem geboren worden, wären diese Kinder nicht ermordet worden. So wird aber Jesus die unschuldige Ursache des Todes von Unschuldigen. Sicher: Dieses Blutbad wird nicht von Gott, sondern von einem Gegner Gottes veranstaltet.

Trotzdem fragen wir uns: Wie konnte Gott das Gemetzel an diesen Kindern zulassen? Wie passt das zu Weihnachten? Wie passt das überhaupt zu Gott? Ist dieser Kindermord nicht sinnlos?

Ja, er ist sinnlos. Sinnlos wie alles Morden im Krieg und im Frieden. Es ist zwecklos, eine Erklärung zu suchen. Es ist zwecklos, Gott beschuldigen oder entschuldigen zu wollen. Es ist zwecklos, in diesem Leiden einen Sinn sehen zu wollen. Hier sind unsere Weisheit und Theologie zu Ende. Wir kommen um die Erkenntnis nicht herum: Unsere Welt ist voller Sinnlosigkeiten und besonders das Leben des Gotteskindes und aller Gotteskinder ist immer bedroht. Bedroht durch die Brutalität von Menschen, die nur sich selber kennen und Gott nicht kennen wollen. Und es gehört zu den harten und unbegreiflichen Gesetzen der Welt, dass unter den Gräueln der Weltgeschichte am meisten die zu leiden haben, die, menschlich gesprochen, unschuldig sind und das am wenigsten verdient haben. Die Gewalt hat Angst vor der Gewaltlosigkeit – das ist die bittere Wahrheit, die den Kindern von Bethlehem, die später Jesus selber, die Millionen von Menschen das Leben gekostet hat. Alle Gegnerschaft gegen Jesus hat hier ihre Wurzel. Und gerade die Beteuerung von Jesus, dass sein Reich nicht von dieser Welt ist, ist den Machthabern vom Schlage eines Herodes verdächtig. Deshalb ist ihnen gerade das, was nicht von dieser Welt ist, so unheimlich und bedrohlich, dass sie immer wieder zuschlagen, ohne Grund, ohne Sinn, ohne angegriffen zu sein. Der Vernichtungskampf des Herodes, sein aus Angst geborener Hass, hat deshalb in der Geschichte immer wieder Neuauflagen erlebt.

Die Geschichte der Kirche ist eine Geschichte der blutigen Verfolgung bis in unsere Gegenwart. Noch nie hat es so viele christliche Märtyrer gegeben wie in unserer Zeit. Das ist die Welt, in die Jesus gekommen ist. Hier herrscht der Teufel. Und wenn du mit Jesus lebst, dann zieht der Teufel sich nicht rücksichtsvoll von dir zurück. Im Gegenteil, dann greift er rücksichtslos an. Deshalb ist die billige Weihnachtsduselei, die aus Weihnachten eine harmlose Pfefferkuchenparty macht, so irreführend und verlogen.

Ich rate dir: Nimm Weihnachten und die Beziehung zu Jesus nicht so harmlos. Vergiss nicht: Der Weg, der an der Krippe anfing, endete am Kreuz. Das Kreuz ist aus dem gleichen Holz geschnitzt wie die Krippe. Und das Kreuz wirft seinen riesigen Schatten über die Menschheit aller Jahrhunderte.

17. Dezember

Denn euch ist heute ein Retter geboren, der ist Christus, der Herr, in Davids Stadt.

Lukas 2,11

Keine Geburtstagsfeier ohne Geburtstagskind

von Jörg Swoboda

In der Kaunitzer Ostwestfalenhalle war eine Country-&-Truck-Weihnachtsfeier ausgeschrieben worden. Viele Leute waren gekommen, manche als Cowboy, Trapper, Indianer oder Trucker verkleidet. Sie schlenderten zwischen Volksfestbuden und Grillständen umher oder hörten sich in der Halle verschiedene musikalische Darbietungen an. Dort trat natürlich auch der Weihnachtsmann auf und bescherte die Kinder. Das ganze weihnachtliche Programm eben. Über den Hallenvorplatz schallten ununterbrochen Country-Songs aus den Lautsprechern, aber auch Titel meiner neuen CD „Flensburg" – die vertrauten Weihnachtslieder sowieso. Alle hätten hören können: „Christ, der Retter, ist da." Doch keiner hörte hin. Als gefühlsseliges Lied ließ man sich die Weihnachtsbotschaft gefallen, als Weihnachtsdroge sozusagen. Auf Englisch sowieso, weil man da sowieso nicht so drauf hört oder keiner sie versteht.

Um 19:30 Uhr mein Auftritt vor etwa 500 Zuhörern, die Bier tranken und viel rauchten. Ich sang und moderierte meine Lieder an. Die Leute spendeten Beifall. Was würde nach dem achten Lied passieren? Jetzt kam nämlich meine kleine Rede: „Warum feiern wir Weihnachten? Laut Umfrage wissen 70 % der Bevölkerung in Deutschland nicht wirklich etwas über Weihnachten. Vielleicht sind zu Weihnachten gerade deshalb so viele traurig und schütten sich die Birne zu, weil sie instinktiv fühlen, dass sie keinen wirklichen Grund zum Feiern haben. Für sie ist Weihnachten eine Art schlechtes Volkstheater, weil keiner weiß, worum es eigentlich geht. Aber das ändern wir jetzt: Für Weihnachten gibt es einen guten Grund, und nur einen einzigen: Vor 2000 Jahren ist Jesus in dem israelischen Dorf Bethlehem geboren. Weihnachten ist also eine Geburtstagsfeier, und das Geburtstagskind ist Jesus. Eine Geburtstagsfeier ohne Geburtstagskind wäre eine traurige Geschichte.

Und damit wir frohe Weihnachten haben, kommt jetzt die Weihnachtsgeschichte aus erster Hand aus der Bibel. Lukasevangelium, Kapitel 2."

Dann begann ich zu lesen. Diesmal hörten die Leute hin. Der Rausch der Weihnachtsdroge war verflogen. Denn schon nach wenigen Sätzen ertönten einige Buh-Rufe. Andere riefen: „Aufhören!" Hinter mir hörte ich es auf der Bühne rumoren, sodass ich jeden Moment damit rechnen musste, unterbrochen zu werden. Deshalb kürzte ich die Lesung ab, erhob meine Stimme und sprach etwas schneller, damit mich möglichst niemand unterbrechen konnte: „Jesus hat gesagt: Dazu bin ich in die Welt gekommen, um die Menschen zu suchen und zu retten, die verloren sind. Was heißt verloren? Verloren ist ein Zündschlüssel, wenn er nicht da ist, wo er hingehört. Verloren ist ein Portemonnaie, wenn es nicht mehr da ist. Verloren sind wir alle, wenn wir nicht da sind, wo wir hingehören. Wir gehören eigentlich alle ans Vaterherz Gottes. Jesus ist an Weihnachten geboren, um uns dahin zu bringen, wo wir hingehören. Kein anderer kann uns den Frieden mit Gott schenken ... Das hat er sich was kosten lassen. Dafür hat er am Kreuz sogar sein Leben gegeben. Da hat er unsere Suppe ausgelöffelt. Wenn er uns unsere Sünden vergibt, wird alles wieder gut zwischen Gott und uns. Dann finden wir bei ihm für immer ein Zuhause. Das ist auch der Titel meines letzten Liedes ‚Bring mich heil nach Haus'."

Doch meine Gitarre blieb stumm. Ich blickte zum Techniker. Der Moderator beratschlagte gerade mit ihm, ob sie mich noch einmal singen lassen sollten oder nicht. Erst nach einer herausfordernden Geste von mir öffneten sie den Kanal für meine Gitarre wieder. So konnte ich auch mein letztes Lied bringen.

Draußen im Nieselregen fiel mir das Jesus-Zitat ein: „Etliches aber fiel auf gutes Land." Ich war ihm für diese Riesenchance dankbar, seine gute Nachricht auszusäen. Eigentlich dürften die nächsten Umfragewerte zum Thema Weihnachten nicht mehr ganz so deprimierend sein – oder?

18. Dezember

Denn ihr kennt die Gnade
unseres Herrn Jesus Christus,
dass er, da er reich war,
um euretwillen arm wurde,
damit ihr durch seine Armut reich würdet.

2. Korinther 8,9

Erkennungszeichen: Windel

VON THEO LEHMANN

Als die Engel den Hirten sagten, dass ihr Heiland geboren wurde, gaben sie ihnen noch einen Tipp: „Das habt als Erkennungszeichen: Ihr werdet finden das Kind in Windeln gewickelt." Ich bitte euch: eine Windel als Erkennungszeichen Gottes? Jeder von euch, der zu Hause kleine Kinder oder Geschwister hat, weiß, was eine Windel ist. Sie ist das Zeichen des Menschlichen, des Allzu-Menschlichen. Und genau das, das Menschliche, das ist das Kennzeichen Gottes. Wenn die Leute, die zu Weihnachten Kriegsspielzeug verkaufen und verschenken, die Weihnachtsgeschichte geschrieben hätten, dann hieße es hier: „Das habt zum Zeichen: Ihr werdet finden das Kind mit einem Stahlhelmchen auf dem lockigen Haar, in einen Patronengürtel gewickelt und in einem Panzerchen liegend."

Und dann hätte der Chor der Engel nicht gesungen: „Ehre sei Gott in der Höhe und Friede auf

Erden und den Menschen ein Wohlgefallen“, sondern dann hätte die Brigade der Engel gebrüllt: „Ehre sei den Raketen in der Höhe und Schrecken auf Erden, die den Menschen wohl nicht gefallen.“

Aber Gott kommt nicht im Stahlhelm, nicht im Zeichen der Gewalt. Gott kommt in der Windel, im Zeichen der Friedferigkeit. Er kommt nicht mit dem bombastischen Getue und Getute, wie es die Herren dieser Welt nötig haben, um den Leuten ihre Wichtigkeit klarzumachen. Bei ihm flattern statt Fahnen und Standarten Windeln auf der Leine. Statt Fanfaren und Trompeten Kuhgebrumm, statt spalier stehender Jubelmassen im Flutlichtscheinwerfer ein dusterer Stall mit ein paar wiederkäuenden Tieren.

Das ist die klägliche Kulisse für den Auftritt Gottes auf der Bühne unserer Weltgeschichte.

Der Auftritt jedes Weihnachtsmannes ist glanzvoller als die ärmliche Geburt des Gottessohnes. Es hat schon zu allen Zeiten Leute gegeben, denen ein Gott zu banal ist, der im Kuhstall zur Welt kommt und am Galgen aus der Welt geht, die ihn gern in einer etwas geschmackvolleren Ausführung hätten. Nicht so ärmlich. Nicht so blutig. Der liebe Gott im Zellophanbeutel mit Goldschleife, das wär was. Aber damit kann ich leider nicht dienen. Ich kenne bloß den Gott ohne fromme Glanzverpackung, der geboren wurde wie du und ich. Einen anderen kenne ich nicht. Und der Gott, der irgendwo im fernen Jenseits über den Wolken schwebt, der interessiert mich auch nicht. Der Gott, der im Weltraum mit Sternschnuppen kegelt, ist mir schnuppe. Mich interessiert bloß der menschgewordene Gott, dem kein Raum in dieser Welt zu hässlich ist, um darin zu wohnen, dem kein Mensch zu verdorben, zu sündig ist, um mit ihm Freundschaft zu schließen; der die Banalitäten meines Lebens aus der eigenen Erfahrung kennt und dem ich deshalb auch mit den banalen Problemen meines Lebens kommen kann. Mir ist so ein Gott gerade recht, und ich danke ihm, dass er mir so hautnah auf die Pelle rückt, in die Haut eines Menschen eingeht, ein Mensch wird.

Gott ist nicht zu erkennen
an Macht und Herrlichkeit.
Erkennungszeichen Gottes
ist seine Menschlichkeit.
Denn Gott kommt in der Windel
und liegt als Menschenbündel
auf einer Hand voll Stroh im Stall.

Vom Jenseits zum Diesseits, von drüben nach hier
ist Gott umgezogen ins Armenquartier.
Arbeitskleidung statt Talare.
Kuhgebrumme statt Fanfare.
Und statt Fahnen und Standarten
Flattern Windeln jetzt im Garten.

Als wehrloser Säugling, von Feinden umstellt,
so zeigt sich den Menschen der Herr dieser Welt.
Engelschöre statt Trompeten,
Eselsohren statt Raketen,
statt dass Düsenjager starten
flattern Tauben jetzt im Garten.
(Theo Lehmann)

....

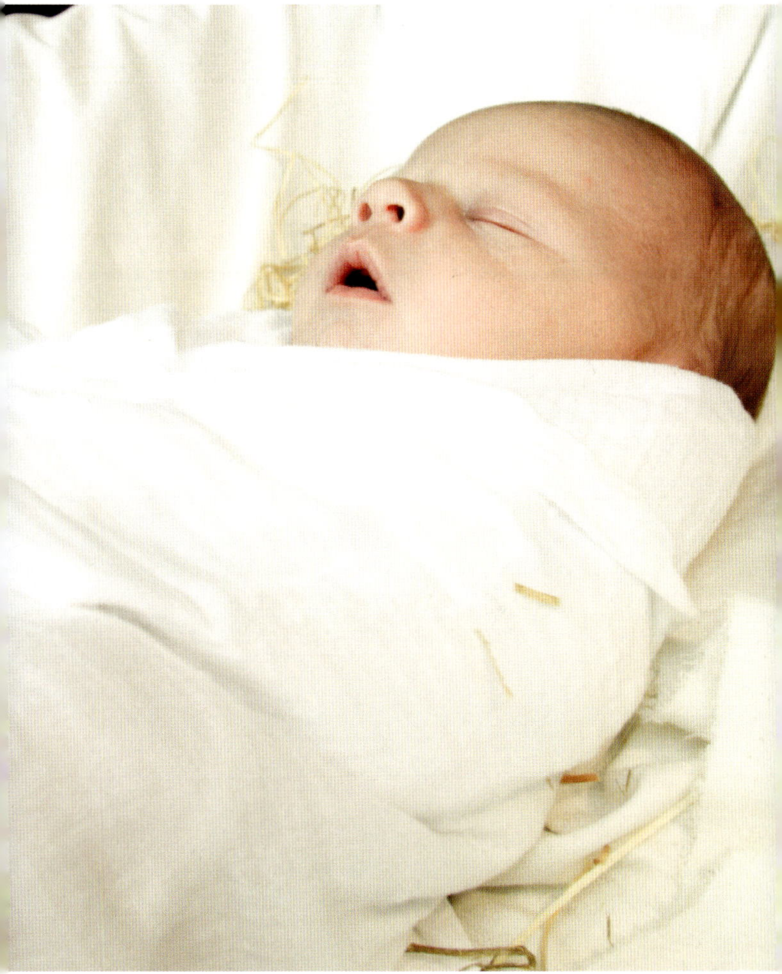

19. Dezember
Ich bin als Licht in die Welt gekommen, damit jeder, der an mich glaubt, nicht in der Finsternis bleibe.
Johannes 12,46

Lichtblick am Dunkeltag

VON JÖRG SWOBODA

Beim Kurzeinkauf einen Tag vor Heiligabend – eiskalter, feiner Nieselregen versprenkelt mir die Brillengläser – sehe ich Wolfgang auf der anderen Straßenseite. Er ist, um es einmal vorsichtig auszudrücken, wahrscheinlich bei der Verteilung der guten Laune übersehen worden. Auch seine Sonderbegabung ist kein Vorzug, denn gibt es irgendwo ein Haar in irgendeiner Suppe – *zack* – Wolfgang hat es als Erster entdeckt. Ja, es wirkt manchmal so, als laute sein Lebensmotto: „Es wird sich doch, verdammt noch mal, irgendwas zum Meckern finden!" Wie gesagt: Dummerweise wird er meistens fündig. Und er kann ein Gespräch so lenken, dass man sich genötigt fühlt, ihm beizupflichten. Ab und zu machen wir einen kleinen Schwatz. Das ist jedes Mal eine Herausforderung für mich, weil ich keinesfalls in seine Meckerfalle tappen möchte.

Als er mich sieht, überquert er die Straße und steuert auf mich zu. Das ist ungewöhnlich. Vielleicht verspricht er sich ein vorweihnachtliches Geplänkel zum Zeitvertreib mitten in der Festvorbereitung. Also aufgepasst! Und prompt wünscht er mir mit schiefem Lächeln: „Ein verregnetes Weihnachtsfest!" Abwartend taxiert er mich. Aber auf seinen Tonfall lasse ich mich heute nicht ein.

Überhaupt versuche ich oft, andere auf der Straße durch einen freundlichen Gruß oder eine Bemerkung zum Lächeln zu bringen. Das ist für manche ein Zwischenhoch im Seelentief. An trüben Tagen ist es allerdings für mich eine Art von Eigentherapie, denn es macht mir ja auch selbst Freude, ein Lächeln zu ernten. Jedenfalls sage ich zu ihm: „Ich wünsche dir fröhliche Weihnachten. Grund genug dazu hast du ja." Worauf habe ich mich da bloß eingelassen? Keine Ahnung, wie das Gespräch weitergehen könnte. Und prompt hakt er verblüfft ein: „Wat soll denn det für'n Grund sein?" und beschwert sich gleich anschließend: „Ick muss ja arbeiten!"

„Ja, eben, du hast wenigstens Arbeit", kontere ich. „Haben andere nicht. Und außerdem kannst du jeden Morgen deine Füße vors Bett stellen. Das können auch nicht alle."

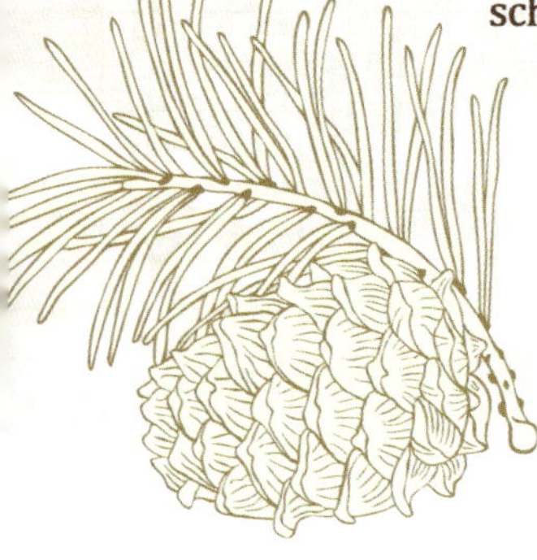

„Det stimmt", pflichtet er nachdenklich bei.

„Aber vor allem", fahre ich fort und freue mich über seinen erwartungsvollen Gesichtsausdruck, „kannst du dankbar sein, dass Gott dich liebhat. Vergiss das nicht."

„Hää?", fragt er verblüfft, als hätte er sich verhört, und guckt mich entgeistert an. Er kann nicht glauben, was er gerade gehört hat. „Ja, dass Gott dich liebt, vergiss das nicht. Tschüss."

Schon wenden wir uns zum Weitergehen, da dreht er sich noch einmal um und ruft mir hinterher: „Det musste mir mal erklärn!" – und noch einmal wie zur Bekräftigung: „Det musste mir mal erklärn!"

Und ich verspreche: „Mach ich, dazu setzen wir uns mal zusammen."

Hab ich auch versucht, hat aber nicht geklappt. Er konnte sich nicht mehr erinnern, wollte es vielleicht auch nicht.

Viele Menschen können nicht glauben, was sie in diesen Tagen vor dem Fest in den vertrauten Liedern hören. Mitten in unserer gnadenlosen Welt hören wir von „gnadenbringender Weihnachtszeit". Das ist ein warmer Ton, der das Herz anrühren könnte, wenn es nicht versteckt wird. – „Ich lag in schweren Banden, du kommst und machst mich los." Das ist der Erfahrungswert von Menschen, die durch Jesus Befreiung erlebt haben, Befreiung von Lebensschuld ebenso wie von Handlungs- und Denkzwängen. – „Macht hoch die Tür, die Tor macht weit; es kommt der Herr der Herrlichkeit." Viele ungebetene Gäste brechen Tag für Tag durch unsere Herzenstür: Geldsorgen und Sorgen um den Arbeitsplatz, Ehesorgen und Sorgen in der Erziehung, nicht zu vergessen die Sorgen um die Gesundheit. Der eine Ehrengast könnte alles in einem anderen Licht erscheinen lassen, ja er selbst wäre unsere „Freudensonne". Das ist der „Herr der Herrlichkeit". Das ist Jesus, der einzige Grund für Weihnachten. Wir können ihm unser Herz öffnen.

20. Dezember

Wer den Sohn hat,
hat das Leben; wer den
Sohn Gottes nicht hat,
hat das Leben nicht.

1. Johannes 5,12

Wegen Überfüllung geschlossen

VON THEO LEHMANN

Als Jesus geboren wurde, war der einzige Platz, den es für ihn gab, eine Notunterkunft. So ist das bis heute geblieben. Für Jesus ist kein Platz da. Weder auf dem Weihnachtsmarkt noch bei den vielen Weihnachtsfeiern ist er dabei. Das Weihnachtsgeschäft läuft ohne ihn, der Weihnachtsmann kommt ohne ihn, die Weihnachtsgans schmeckt ohne ihn, wir kommen überhaupt ganz gut ohne ihn aus. Und wenn er vor die Tür unseres Lebens tritt und rein will, hängen wir das gleiche Schild raus wie der Wirt von Bethlehem: „Wegen Überfüllung geschlossen." Wir Wohlstandsbürger müssten eigentlich schreiben: „Wegen Überfütterung geschlossen." Wir haben keine Not. Wir haben alles, was wir brauchen. Wir brauchen keinen Nothelfer. Wir kommen ganz gut alleine zurecht. Manchmal allerdings kommen auch wir in Not. Zum Beispiel, wenn wir krank sind oder irgendetwas anders läuft, als

wir dachten. Bei solchen Gelegenheiten, wenn uns die Muffe geht, räumen wir Jesus ganz gerne ein Plätzchen in unserem Leben ein. Wenn uns selber die Luft ausgeht, wenn wir einen Platten haben und auf den Felgen laufen, dann holen wir ihn raus wie so einen Reservereifen aus dem Kofferraum, dann rufen wir ihn herbei, dann fangen wir an zu beten.

Welche Rolle spielt das Gebet in deinem Leben? Ist das Gebet zu Jesus dein Lenkrad oder dein Reservereifen? Lädst du ihn nur ein, wenn es dir dreckig geht, nur in der Not?

Wenn du doch endlich begreifen würdest: Die größte Not deines Lebens ist, dass du Jesus nicht immer bei dir hast, dass er bei dir nicht genug Platz, keinen festen Wohnsitz hat. Hätte Jesus bei dir mehr Platz, hättest du weniger Probleme. Hättest du für ihn mehr übrig, würden sich viele deiner Sorgen erübrigen.

Millionen Menschen sitzen in diesen Tagen in den Kirchen und hören, dass Gottes Sohn in die Welt gekommen ist. Und wie viele lassen ihn in ihr Leben kommen? Hast du ihn denn in dein Leben kommen lassen? Hast du ihn schon bei dir aufgenommen? Wie viel Platz – welchen Platz – hat Jesus in deinem Leben? Wir räumen ihm gern ein Plätzchen ein, ein Plätzchen am Rande, ein „Weihnachtsplätzchen", dazu reicht's allemal. Dazu hat's damals in Bethlehem auch gereicht. Aber zu mehr eben nicht.

Doch Jesus will mehr. Er will in unserem Leben nicht am Rand stehn, in der frommen Ecke – wie so ein Feuermelder, der unbeachtet in der Ecke hinter der Kellertür hängt und nur benutzt wird, wenn's mal brennt. Nein, er möchte im ganzen Haus wohnen. In allen Räumen. In allen Winkeln. Er möchte überall dabei sein, bei allem, was sich im Haus deines Lebens abspielt.

Aber da spielt sich bei dir eben nichts ab. Du hast für ihn eine Krippe, aber kein Heim. Du gibst ihm ein bisschen, aber nicht alles. Dabei kommt alles darauf an, dass du ihm alles übergibst, ihn ganz in dein Leben reinlässt. Er soll nicht irgendeinen Platz, sondern den ersten Platz in deinem Leben bekommen, die ganze Herrschaft.

Damals, in Bethlehem, war kein Platz für Jesus: „Sie hatten keinen Raum in der Herberge." Das soll sich in deinem Leben nicht wiederholen. Also: Lass ihn rein in dein Leben – in jeden Winkel!

Die Entscheidung des Wirts von Bethlehem lautete: „Besetzt!“ Im Krippenspiel ist der Mann eine beliebte Figur. In Wirklichkeit ist er bedauernswert. Er hat auf die falschen Leute gesetzt! Er hat die falschen Herrschaften bei sich aufgenommen. Diesen Fehler solltest du nicht wiederholen. Nimm Jesus auf! Bete jetzt zu ihm wie ein Kind: „Jesus, ich nehm dich auf in mein Leben. Sei mein Herr und mein Heiland. Amen.“

21. Dezember

Und wir haben gesehen
und bezeugen,
dass der Vater den Sohn gesandt hat
als Retter der Welt.

1. Johannes 4,14

Treffpunkt Krippe

Jörg Swoboda

Was war unser Krippenspiel in der Kirche schön! Für eine Stunde mit unseren vier Kindern feierliches Innehalten mit Lichterglanz und Tannenschmuck mitten in allen Festvorbereitungen. Die Seele atmete auf. Allerdings mit Einschränkungen, denn ich haspelte wie die anderen Darsteller vorher im Kopf wieder und wieder meine Rolle herunter: Ich mit dem J in meinem Vornamen war Josef – und die schöne Monika war die Maria mit der eingemummelten Puppe als Jesuskind im Arm. Würdevoll schritten wir durch den Mittelgang der überfüllten Kirche zum Altarraum, wo die mit Stroh gefüllte Krippe stand. Daneben Ochs und Esel aus Pappe. Dann kamen die Hirten. Schließlich die „heiligen drei Könige“, die dem neugeborenen Jesuskind ihre Geschenke darbrachten. Einer davon sollte aus Afrika sein. Aber wenn der Ärmel etwas hochrutschte, kam die weiße Haut zum Vorschein.

Dichter haben diese Szene im Stall in ihren Weihnachtsliedern geschildert und Weihnachtskrippen führen sie uns Jahr für Jahr vor Augen. Das ist uns alles so vertraut. Doch was stimmt daran tatsächlich und was ist Erfindung?

An der Bezeichnung „heilige drei Könige“ stimmt gar nichts. Im griechischen Originaltext heißt es, dass es „Magier von Sonnenaufgang“ waren, also Sterndeuter die aus östlicher Richtung nach Jerusalem gekommen waren. Afrika dagegen liegt südwestlich von Israel. Dass es drei waren, steht auch nicht in der Bibel. Dort werden nur die drei Geschenke „Gold, Weihrauch und Myrrhe“ aufgezählt. Deshalb die Vermutung, dass es drei Magier waren. Die Namen Balthasar, Kaspar und Melchior suchen wir in der biblischen Weihnachtsgeschichte ebenfalls vergeblich. Sie tauchen in der katholischen Tradition erst ein halbes Jahrtausend nach Christi Geburt auf. Dass ausgerechnet diese heidnischen Sterndeuter „heilig" waren, steht auch nicht in der Bibel – wäre ja auch ein Widerspruch in sich selbst. Und mit den Hirten können sie auch nicht gemeinsam an der Krippe gekniet haben. Denn die Hirten kamen schon unmittelbar nach der Geburt zur Krippe. Die Magier jedoch erreichten etliche Tage danach überhaupt erst Jerusalem. Wir lesen im Neuen Testament: „Als aber Jesus zu Bethlehem in Judäa geboren war, in den Tagen des Königs Herodes, siehe, da kamen Weise vom Morgenland nach Jerusalem, die sprachen ..." (Matthäus 2,1). Durch ihre Frage nach dem neugeborenen König veranlasste der erschrockene Herrscher erst einmal Nachforschungen und schickte die Magier dann nach Bethlehem. Da hatten die jungen Eltern die tierisch stinkende „Entbindungsstation" längst verlassen. Deshalb fanden die Magier sie laut biblischem Bericht auch nicht mehr dort, sondern in einem Haus (vgl. Matthäus 2,11). Hier beteten sie das Baby an und übergaben ihre Geschenke. Weil die Geburt und dieser Besuch so weit auseinander liegen, wird das Fest der angeblich drei heiligen Könige auch erst zwei Wochen später, und zwar am 6. Januar, begangen.

Und wie fanden Ochs und Esel ihren Platz an der Krippe, wo sie doch in keiner der beiden biblischen Weihnachtsgeschichten erwähnt werden? Dadurch, dass die Kirche von alters her folgende Worte bei dem Propheten Jesaja (Kapitel 1,3) auf die Weihnachtsgeschichte bezogen hat: „Ein Rind kennt seinen Besitzer und ein Esel die Krippe seines Herrn. Israel aber hat keine Erkenntnis, mein Volk hat keine Einsicht." Beide Tiere wurden aus christlicher Sicht zum Sinnbild dafür, dass wir Menschen dümmer als ein Ochse und störrischer als ein Esel sind, wenn wir uns von Gott abwenden.

Und trotzdem sind wir alle bei Jesus willkommen. Ja, die Krippe kann zum großen Treffpunkt für alle werden, die Gott suchen. Denn wer Jesus sucht, wird Gott finden. Der Jünger Johannes schrieb über Jesus: „Wir selbst haben seine göttliche Herrlichkeit gesehen, wie sie Gott nur seinem einzigen Sohn gibt. In ihm sind Gottes vergebende Liebe und Treue zu uns gekommen" (Johannes 1,14; Hfa).

22. Dezember

Freue dich du Zionsstadt!
Jubelt laut, ihr Leute von Jerusalem!
Seht, euer König kommt zu euch!
Er ist gerecht vor Gott,
und er bringt die Rettung.
Er ist demütig und reitet auf einem Fohlen,
dem männlichen Jungtier einer Eselin.

Sacharja 9,9

Die Jungfrau kriegt ein Kind

VON THEO LEHMANN

Auch wenn ich es mir jetzt mit einigen Konfirmanden und ähnlichen Intellektuellen verscherze – ich bekenne mich zu dem Satz: „... geboren von der Jungfrau Maria“. Die Jungfrauengeburt ist ein Tatbestand, der in der Bibel bezeugt und im Glaubensbekenntnis bekannt wird. Deshalb ist es unzulässig, wenn irgendein dahergelaufener Professor oder Konfirmand erklärt: „Das geht über meinen Verstand, also ist es unmöglich.“ Dieses Argument ist unlogisch, unbescheiden und unbiblisch.

Unlogisch, weil es vieles gibt, das wir zwar nicht verstehen, das aber trotzdem möglich ist. Unbescheiden, weil da jemand seinen beschränkten Grips zum Maßstab für alles macht, sogar zum Maßstab für Gottes Handeln. Unbiblisch, weil die Bibel den Bericht über die Jungfrauengeburt mit dem Satz schließt: „Bei Gott ist kein Ding unmöglich" (Lukas 1,37).

Solange du das nicht begriffen, im Glauben *er*griffen hast, wirst du weder Gott noch die Bibel begreifen, noch in deinem Glaubensleben reifen. Bei Gott ist nur eins unmöglich, nämlich das Wort „unmöglich".

Bitte, du darfst nicht so klein von Gott denken. Und wenn du so auf deinen Verstand pochst, dann streng deinen Verstand jetzt doch mal an, denk doch mal nach: Wenn Gott wirklich Gott ist, der Planer, Schöpfer, Erhalter und Lenker des Universums, dann ist es doch logisch, dass er mehr draufhat als du mit deinen zehn Jahren Schule, dass bei dem mehr drin ist als bei dir in deiner Birne. Ich bitte dich: Gib deinen Kleinglauben auf! Gib Gott die Ehre! Gib ihm dein ganzes Vertrauen! Gib nicht auf, wenn du an deine Grenzen kommst! Bei Gott ist kein Ding unmöglich.

Dieser Satz steht doch nicht in der Bibel, um eine Diskussion zu beenden, sondern um Menschen, die am Ende sind mit ihrem Latein, ihrer Hoffnung, ihrem Leben, um denen eine Hoffnung zu geben, ein Weitermachen zu ermöglichen. Bist du bei Gott? Gehörst du zu Gott? Hast du ihm dein

Leben gegeben? Dann darfst du Großes von Gott erwarten.

Gott ist so groß, so gütig, ihm sind die Probleme deines Lebens so wichtig, dass er Mensch geworden ist, um dir zu helfen. Gott wurde in Jesus ein Mensch. Und diese Menschwerdung Gottes war keine zeitlose Idee.

Jesus ist keine Idee, sondern ein Mensch. Und zu einem Menschen gehört auch eine Mutter. Natürlich ist auch mir nicht ganz unbekannt, dass üblicherweise zur Entstehung eines Menschen auch noch ein Vater gehört. Das ist eine Tatsache, die heutzutage bis in alle Details auch in aufgeklärten Kindergartenkreisen bekannt ist. Aber um zu wissen, dass die Kinder nicht vom Klapperstorch gebracht, sondern vom Mann gezeugt werden, braucht man nicht unbedingt erst im 21. Jahrhundert zu leben und die Bravo gelesen zu haben. So schlau war Maria, das Dorfmädchen aus dem Nest Nazareth, auch schon. Wie so ein Bauernmädel vom Lande nun mal ist, ist die nüchtern, praktisch geradezu. Und als der Engel ihr eröffnet, dass sie ein Kind kriegt, ist das Erste, was sie nach dieser phänomenalen Ankündigung sagt, von umwerfender Sachlichkeit. Denn das Einzige, was sie zu der grandiosen Rede des Engels zu bemerken hat, ist die trockene Gegenfrage: „Wie soll das denn rein technisch vor sich gehen, da ich nichts von einem Manne weiß? Mann, ich bin Jungfrau!"

Der erste Mensch, der seine Zweifel an der Jungfrauengeburt ausgesprochen hat, war also die Jungfrau Maria selbst. Da hätte der Engel schockiert sagen können: „Das darf doch nicht wahr sein. Da kommt man hier als Chef der Engelbrigade zum Sondereinsatz in diese Klitsche von Nazareth, eröffnet diesem unbedarften Provinzmädchen, dass es die Mutter Gottes werden soll, und diese Göre hat weiter nichts dazu zu sagen, als ihre Zweifel am Verfahren anzumelden. Also, so was von Unglaube! Die ist ja mit ihrer rationalistischen, kritischen Einstellung für den Job überhaupt nicht geeignet. Hier mach ich den Abflug."

Macht er aber nicht. Sondern er erkärt ihr: „Der Heilige Geist wird über dich kommen ... bei Gott ist kein Ding unmöglich."

Von da an ist Maria ruhig und übernimmt den Auftrag.

23. Dezember

Weil du teuer bist in meinen Augen
und wertvoll bist und ich dich lieb habe,
so gebe ich Menschen hin an deiner Stelle
und Völkerschaften anstelle deines Lebens.

Jesaja 43,4

Von krummen Sachen und anderen Überraschungen

VON JÖRG SWOBODA

Über den Kauf von Weihnachtsbäumen könnte wohl jeder eine Geschichte erzählen. Hier kommt meine. Mir wird jetzt noch schlecht, wenn ich daran denke ...

In dem Vielerlei der Festvorbereitungen war mir der Weihnachtsbaumkauf doch tatsächlich aus dem Blick geraten! Und nun war wenige Tage vor dem Fest immer noch kein Baum da. „Sie hätten vor zwei Wochen kommen müssen", sagte kopfschüttelnd und vorwurfsvoll der Verkäufer, der gerade seinen Stand abbaute. „Da hatten wir diesmal Bäume hier, kann ich ihnen sagen ..." Dem schwärmerischen Tonfall nach mussten das alles nur erlesene Exemplare gewesen sein. Jedenfalls streute er damit nur Salz in meine Wunde.

„Vielleicht habe ich in der Försterei mehr Glück?", überlegte ich. Also nichts wie hin! Aber die verkaufte in diesem Jahr gar keine Weihnachtsbäume. Nun geriet ich allmählich in Hektik. Nach weiteren erfolglosen Versuchen erwarb ich schließlich mit kaltem Angstschweiß auf der Stirn in einem Verzweiflungskauf eine Krücke von Kiefer. Ich konnte fast schon die Spottreden meiner vier Kinder und meiner Frau hören. Aber nun war mir schon alles egal. Jedenfalls war diese Kiefer besser als gar kein Baum.

Zu Hause unterzog ich sie verschämt einer Schönheitsoperation mit Astverpflanzung: Unten den Stamm abgesägt und dadurch Äste gewonnen. An den kahlen Stellen weiter oben Löcher gebohrt, die abgesägten Äste auf die richtige Länge gebracht, angespitzt und in die Löcher gesteckt. Fertig.

Meine Kinder lachten sich zwar schlapp, aber immerhin sah der Baum am Schluss doch ganz passabel aus. Ich war nun doch ganz zufrieden mit mir und freute mich über den erfreulichen Ausgang dieser unerfreulichen Vorgeschichte.

Im folgenden Jahr wollte ich es besser machen und fuhr mit meiner Frau rechtzeitig in den Nachbarort, wo man sich in einem Waldstück selber einen Baum aussuchen und absägen konnte. Mit dem Fuchsschwanz in den klammen Händen stapften wir durch den Schnee von einer Baumreihe zu anderen und riefen uns gegenseitig mal zu diesem, mal zu jenem Baum und suchten und suchten.

Dann hatten wir endlich Glück. So schien es jedenfalls auf den ersten Blick. Als ich mich jedoch hinkniete und die unteren Äste zur Seite bog, stand fest, dass wir weitersuchen mussten. Der Baum war seitlich aus einem Erdwall herausgewachsen und nach einem Korrekturschlenker senkrecht weiter nach oben. Ein ganz krummes Ding also. Weiter oben absägen ging nicht. Dann wäre er zu kurz geraten. Also wieder nichts. Weitersuchen!

Endlich, endlich hatten wir einen gefunden! Die Wahl war getroffen. Das dichte Gezweig, der gerade Wuchs, das dunkle Grün der Nadeln – einfach klasse! Ich sägte das Tännchen also kurzerhand ab, wir verstauten es auf dem Dach unseres Autos und fuhren stolz nach Hause.

„Papa, hast du schon gesehen, dass unser Baum zwei Stämme hat? fragte mich Martin, unser älterer Sohn. Ich schaute ihn forschend an, ob er mich veralbern wollte. Aber lächelnd hielt er meinem Blick stand.

So wandte ich mich ahnungsvoll, aber immer noch ungläubig unserem geliebten Bäumchen zu. Ich bog die unteren Zweige auseinander. War doch alles in Ordnung. Was Martin bloß hatte! Meine Augen wanderten etwas höher – und da! Leider doch. Etwa in einem Meter Höhe teilte sich der Stamm tatsächlich! „Was soll's?", dachte ich, „geteilte Freude ist doppelte Freude, und geteilter Stamm bringt doppeltes Grün. Deshalb war der Baum also so schön dicht gewachsen." Wir hatten jedenfalls die ganze Festzeit über unsere Freude daran.

Im letzten Jahr hatte ich drei triftige Gründe, stolz auf mich zu sein: Erstens hatte ich den Baum rechtzeitig gekauft; also Hektik ade! Zweitens hatte ich meine Lernfähigkeit unter Beweis gestellt. Und drittens war die Douglasie von solch erlesener Schönheit, dass alle Familienmitglieder in Ausrufe des Entzückens ausbrachen, sobald sie sie zu Gesicht bekamen. Zugegeben, manchmal musste ich bei ihnen etwas nachhelfen, aber im Prinzip fanden alle, dass wir einen solch schönen Baum schon lange nicht mehr – oder überhaupt noch nie – gehabt hatten. Aber dann entdeckten unsere Kinder, dass der Baum zwar gerade stand, aber der gusseiserne Ständer dafür so merkwürdig schief.

„Das liegt an den Holzkeilen, die darunter stecken", erklärte ich tapfer mitten in die milde lächelnden Gesichter hinein. „Und die waren nötig, weil der vom Verkäufer gefräste Zapfen unten am Stamm schief stand", schloss ich meinen diesjährigen Bericht über unseren Weihnachtsbaum.

Ich habe bisher zu allen meinen Bäumen gestanden. Wenn sie dann noch geschmückt waren, sahen sie schließlich sogar erfreulich aus.

Mehr noch wie ich zu allen meinen Bäumen stand, steht Gott zu allen seinen Geschöpfen. Wir haben alle unsere Macken, und trotzdem freut er sich, wenn er uns anschaut.

Und wie sich Mütter und Väter auf die Freude der Kinder bei der Bescherung freuen, freut Gott sich schon auf unsere Freude, wenn wir erst sein schönstes Weihnachtsgeschenk entdecken, das er uns jemals gemacht hat: Wir brauchen nur in die Krippe zu schauen ...

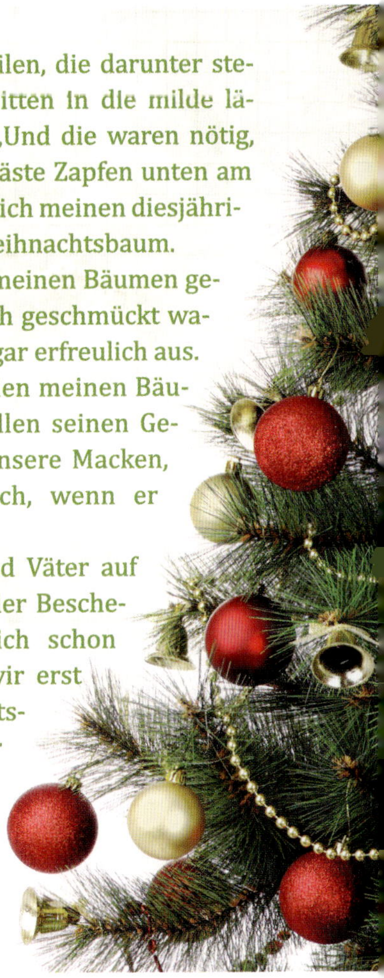

24. Dezember

Er will ja, dass alle Menschen
gerettet werden
und die Wahrheit erkennen.

1. Timotheus 2,4

Verloren? Nein danke!

THEO LEHMANN

Als Gott in unsere Welt kam, kam er als Kind. Damit keiner vor ihm Angst zu haben brauchte. Als Judenkind. In elenden Verhältnissen unterwegs geboren. Ein schreiendes Bündel Mensch auf einer Hand voll Stroh. Am Schluss ein schreiendes Bündel Mensch, mit den Händen roh ans Kreuz genagelt.

Warum das alles? Warum dieses elende Sterben, dieses harte Leben, diese armselige Geburt? Warum wird Gott ein Mensch?

Keine Predigt im ganzen Jahr macht mir so viel Mühe wie die Weihnachtspredigt. Als ich an dieser Stelle war, wo ich erklären sollte, warum Gott Mensch wurde, habe ich lange nachgedacht. Ich habe keine Möglichkeit gefunden, es zu erklären. Sondern ich habe eingesehen, dass diese Art von Predigt der unmögliche Versuch ist, etwas zu erklären, was man nicht erklären kann. Dass Gott, der große Gott, der Chef des Universums, Mensch wurde, das kann ich nicht begreifen. Das kann ich also auch nicht erklären. Das kann ich nur anerkennen, annehmen, anbeten. Das Einzige, was ich als Erklärung anbieten kann, ist: Gott wurde Mensch aus Liebe. Mensch, Gott liebt dich!

Nun fang jetzt bloß nicht wieder an mit der Frage: „Und warum liebt er mich?" – Tja, warum? Er liebt dich eben. Weiß auch nicht, warum. Oder wüsstest du irgendeinen Grund, was an dir so besonders liebenswert wäre, dass Gott dich lieben müsste? Wer bist denn du? Ich könnte eher Gründe aufzählen, warum Gott uns nicht lieben kann. Da gibt's genug. Aber der Hit ist: Er liebt uns trotzdem! Er sucht unsere Nähe und kommt zu uns. Und überhaupt: Ist das mit dem Warum wirklich so wichtig? Also hör mal zu. Wenn zu dir ein Mädchen sagt: „Du, ich liebe dich!", dann fragst du doch nicht zurück: „Warum?" Sondern da zuckst du entweder mit den Schultern oder du sagst: „Ja, ich liebe dich auch."

Gott macht dir heute eine Liebeserklärung. Und wie jeder Liebende wartet er auf eine Erwiderung, auf dein Ja. Möchtest du ihm nicht heute dein Ja-Wort geben? Gott liebt dich so sehr, dass er dir das Beste gibt, was er hat: seinen Sohn. So steht es in der Bibel: „Denn so hat Gott die Welt geliebt, dass er seinen eingeborenen Sohn gab, damit jeder, der an ihn glaubt, nicht verloren geht, sondern ewiges Leben hat" (Johannes 3,16).

Ohne Jesus bist du verloren. Diese harte Wahrheit darf auch zu Weihnachten nicht verschwiegen werden. Im Gegenteil: Diese harte Wahrheit ist ja der Grund, warum Weihnachten überhaupt stattfindet. Es gibt Leute, die fangen an dieser Stelle an zu stöhnen und fragen: „Kann uns denn der Pfarrer nicht wenigstens mal zu Weihnachten mit seinem Gerede von Sünde und Verlorenheit verschonen? Muss der uns auch noch am Heiligen Abend mit dem Thema ‚Sünde' kommen?" Ja, er muss! Kurz bevor Jesus geboren wurde, hat Gott noch mal ausdrücklich klargestellt, warum Jesus geboren würde. Da lesen wir: „Er wird sein Volk retten von seinen Sünden" (Matthäus 1,21). Darum geht's. Gott will, dass keiner mehr verloren geht. Seit Jesus in die Welt kam, braucht keiner mehr verloren zu gehen. Auch du nicht. Wenn du an Jesus glaubst, bist du gerettet. Selbst wenn du sagst: „Ich fühle mich aber gar nicht verloren", ändert das nichts daran, dass du ohne Jesus verloren bist. Du brauchst auch einen Retter. Du kannst ihn ja haben, Christ, der Retter, ist da.

Nur ein Päckchen, kein Paket –
freu dich trotzdem drauf.
Auf den Inhalt kommt es an.
Mach es einfach auf.

Gott schickt seine Weihnachtssendung,
größter Wert im Kleinformat.
Er ist ganz verrückt vor Liebe,
gibt das Beste, was er hat.

Jedem Menschen dieser Welt
gilt die Attraktion.
Gottes Gruß hat Hand und Fuß.
Er schenkt seinen Sohn.

In der Krippe mit dem Kind
unscheinbar und klein,
fädelt Gott die Riesenchance
unsrer Rettung ein.

(Theo Lehmann/Wolfgang Tost)

Michael Kotsch

Es muss nicht immer Schokolade sein

Ein Lese-Adventskalender

Geb., 144 Seiten

Ein Adventskalender der besonderen Art: Für jeden Tag gibt es statt Schokolade Erklärungen rund um die Weihnachtsbräuche, interessante Begebenheiten aus der Geschichte oder einen Gedankenanstoß aus der Bibel. Ein schönes Geschenk für Nachbarn, Kollegen, Freunde ...

Best.-Nr. 273.977

ISBN 978-3-89436-977-4

Theo Lehmann
ist Pfarrer aus Dresden.
Er hat bereits mehrere
Bücher veröffentlicht.

Jörg Swoboda,
Jahrgang 1947, ist Liedermacher und war lange als Pastor tätig. Er ist verheiratet mit Inge und hat vier erwachsene Kinder.

Theo Lehmann/Jörg Swoboda
Lass dich überraschen
Ein Lese-Adventskalender

Best.-Nr. 271.032
ISBN 978-3-86353-032-7

Sofern nicht anders vermerkt, wurde die folgende Bibelübersetzung verwendet: Revidierte Elberfelder Bibel © 1985/1991/2008 SCM R.Brockhaus im SCM-Verlag GmbH & Co. KG, Witten
Darüber hinaus wurden die folgenden Bibelübersetzungen verwendet:
NeÜ bibel.heute, © 2010 Karl-Heinz Vanheiden, www.kh-vanheiden.de, Alle Rechte vorbehalten (NeÜ)
© 1983, 1996, 2002 by Biblica Inc.TM, Übersetzung, Herausgeber und Verlag: Brunnen Verlag, Basel und Gießen (Hfa)

1. Auflage
© 2013 Christliche Verlagsgesellschaft, Dillenburg
www.cv-dillenburg.de
Gesamtgestaltung: CV Dillenburg
Druck: BasseDruck, Hagen
Printed in Hungary

Bildquellen

S. 1/93: © Elena Schweitzer/Shutterstock; S. 3/6/20/42/87/103 (Weihnachtskugeln): © Ela Kwasniewski/Shutterstock; S. 3/54 (Hirsch): © alicedaniel/Shutterstock; S. 7/28/67: © Kameel4u/Shutterstock; S. 8: © razihusin/Shutterstock; S. 10/65/92 (Nixenkraut): © Le Do/Shutterstock; S. 10/11/80–82/108-111/139/140 (Tannenzapfen i. Hintergrund): © zolssa/Shutterstock; S. 12: © Suzanne Tucker/Shutterstock; S. 14–16 (Noten im Hintergrund): © Kumer Oksana/Shutterstock; S. 15: © SMarina/Shutterstock; S. 17: © Tomo Jesenicnik/Shutterstock; S. 18: © aodaodaodaod/Shutterstock; S. 23: © Robyn Mackenzie /Shutterstock; S. 24: © Natykach Nataliia/Shutterstock; S. 26/27 (Engel i. Hintergrund): © Svetlana Ivanova/Shutterstock; S. 27/30: © Dmitry Melnikov/Shutterstock; S. 28–31/ (Schneeflocken): © Fedorov Oleksiy/Shutterstock; S. 31/41/97/127 (Ornament i. Hintergrund): © Kalenik Hanna/Shutterstock; S. 32: © iravgustin/Shutterstock; S. 34: © Elenadesign/Shutterstock; S. 34–37 (Sterne i. Hintergrund): © zolssa/Shutterstock; S. 37: © haveseen/Shutterstock; S. 38: © ponsulak/Shutterstock; S. 40: © Elena Schweitzer/Shutterstock; S. 43: © Sylvie Bouchard/Shutterstock; S. 44: © Madlen/Shutterstock; S. 46: © Jiri Hera/Shutterstock; S. 48 (Schneeflocken): © zolssa/Shutterstock; S. 49: © Kati Molin/Shutterstock; S. 50: © vovan/Shutterstock; S. 52/53: © Anelina/Shutterstock; S. 55: © paolo airenti/Shutterstock; S. 56: © Irina Loginova/Shutterstock; S. 58–60/69–71 (Tannenzweige i. Hintergrund): © miumiu/Shutterstock; S. 59: © wacpan/Shutterstock; S. 61: © HLPhoto/Shutterstock; S. 62: © witty food/Shutterstock; S. 62–67/132–135 (Schneeflocken i. Hintergrund): © ankudi/Shutterstock; S. 68: © Shutterstock; S. 71: © Dmitry Naumov/Shutterstock; S. 73: © IngridHS/Shutterstock; S. 74: © Kati Molin/Shutterstock; S. 76/77 (Notenlinien i. Hintergrund): © Kate Swan/Shutterstock; S. 78: © Bo Valentino/Shutterstock; S. 81: © Garsya/Shutterstock; S. 83: © Kuligina Elena/Shutterstock; S. 84: © Kiselev Andrey Valerevich/Shutterstock; S. 86: © Madlen/Shutterstock; S. 88: © liveostockimages/Shutterstock; S. 90/91: © Madlen/Shutterstock; S. 90–92/ (Schneeflocken i. Hintergrund): © Petr Vaclavek/Shutterstock; S. 94: © ouh_desire/Shutterstock; S. 96: © bonchan/Shutterstock; S. 99: © Marina Grau/Shutterstock; S. 100: © Aletia/Shutterstock; S. 102: © Africa Studio/Shutterstock; S. 105: © A & B Photos/Shutterstock; S. 106: © Olivier Le Queinec/Shutterstock; S. 108: © Texturis/Shutterstock; S. 111: © RHIMAGE/Shutterstock; S. 112: © Larina Natalia/Shutterstock; S. 114: © Shutterstock; S. 116: © Chursina Viktoriia/Shutterstock; S. 117: © ULKASTUDIO/Shutterstock; S. 118: © isak55/Shutterstock; S. 120: © Irena Misevic/Shutterstock; S. 120/121 (Bäume i. Hintergrund): © katarina_1/Shutterstock; S. 123: © Lisa S./Shutterstock; S. 124: © stockcreations/Shutterstock; S. 129: © stockcreations/Shutterstock; S. 130: © victoria9/Shutterstock; S. 133: © bluehand/Shutterstock; S. 135: © Kalmatsuy Tatyana/Shutterstock; S. 136: © 3523studio/Shutterstock; S. 139: © marilyn barbone/Shutterstock